JUNIOR LEVEL WORKBOOK - Level 4
A Comprehensive and Systematic Program of Islamic Studies

IQRA' Arabic Reader 4

by Fadel Ibrahim Abdallah

IQRA' International Educational Foundation
Chicago

Part of a Comprehensive and Systematic Program of Islamic Studies

**A Workbook for the
Program of Arabic Studies
Junior Level**

IQRA' Arabic Reader
Workbook, Level 4

Chief Program Editors:

Abidullah al-Ansari Ghazi
Ph.D. History of Religion, Harvard

Tasneema Khatoon Ghazi
Ph.D. Curriculum and Reading,
University of Minnesota

Layout & Typesetter:

Fadel Abdallah
M.A. Islamic Studies
University of Minnesota

Cover Design

Kathryn Heimberger
American Academy of Art

Cover Artwork:

Sara Jamal

Copyright © December, 1998, IQRA' International Educational Foundation. All Rights Reserved.

Special note on copyright:
This book is a part of IQRA's comprehensive and systematic program of Islamic Education.

No part of this book may be reproduced by any means including photocopying, electronic, mechanical, recording, or otherwise without the written consent of the publisher. In specific cases, permission is granted on written request to publish or translate IQRA's works. For information regarding permission, write to:
IQRA' International Educational Foundation,
7450 Skokie Blvd., Skokie, IL 60077
Tel: 847-673-4072; Fax: 847-673-4095
E-mail: iqra@aol.com
Website: http://www.iqra.org

ISBN # 1-56316-024-2

IQRA's NOTE: For Teachers and Parents

This workbook is designed to be a companion to the textbook, <u>IQRA' Arabic Reader, Level Four</u>. This workbook must be considered as an integral part of the textbook, and learning process. It is designed to be an exercise and activity book which compliments and reinforces what the student learns from the textbook. It also develops skills of analyzing, synthesizing, and evaluating.

This workbook is an important learning tool, it will not only help the student master the material learned from the textbook, but will help him/her develop better study and comprehension skills. It will also guide the student in better conceptualization of the information gained from the textbook and to develop creative and critical thinking.

When working with the exercises of both textbook and workbook, it is recommended that the teacher must first cover all the exercises of the textbook in the class, then moves on to use the exercises of the workbook. Some of the exercises in the workbook could be assigned as homework. It is recommended that the homework exercises are re-done in the classroom to let the students make their own corrections of their mistakes.

It is important that the teacher spend with the workbook as much time as that spent in working with the textbook. Each of the textbook and workbook contains 15 lessons, the total of which makes 30 learning units to be covered in a full year within a full-time school setting or two years in week-end schools. However, a final decision in this regard be made by the school academic council or class teacher in the light of the implementation of over all curricula.

Due to the pressure of time, this workbook has not been field-tested. The increasing demand of this workbook forced us to put it in teachers hands to use it in the classroom and inform us of their opinion.

IQRA' believes that communication between IQRA' and the teachers involved in teaching them, will be greatly beneficial for future editions of these books. Therefore, we urge all concerned teachers to keep in touch and send us their written comments and suggestions for improvement and feed-back.

Chief Editors
Rabi'u-th-Thani 1417
September 1997

كِتَابُ ٱلتَّدْرِيبَاتِ ٱلْمُسْتَوى الرَّابِعُ

كِتَابُ أَقْرَأ

فِي

ٱلْقِرَاءَةِ ٱلْعَرَبِيَّةِ وَٱلْقَوَاعِدِ

إعداد

فضل إبراهيم عبدالله

رسوم

مهناز كريمي

مؤسسة أقرأ الثقافية العالمية - شيكاغو

الدَّرْسُ الأَوَّلُ

• التَّدْرِيبُ الأَوَّلُ : أجيبوا شَفَوِيّاً عَنِ التَّحِيّاتِ أوِ الأَسْئِلَةِ أوِ الـمُجامَلاتِ التّالِيَةِ أوَّلاً ، ثُمَّ اكْتُبوا الأجاباتِ عَلَى الأسْطُرِ الـمُنَقَّطَةِ :

• First, give orally an appropriate response to the following greetings, questions or requests, then write your responses on the dotted lines :

1- السَّلامُ عَلَيْكُمْ . \ .... وعليكم السلام

2- أنا صابرين ، مَنْ أنْتَ (أنْتِ) ؟ \ .... أنا سارة

3- شُكْراً يا أخي الكَريمُ (أُخْتي الكَريمَةُ) . \ .... أهلاً وسهلاً بك

4- مِنْ فَضْلِكَ ، أريدُ أنْ أُقابِلَ مُديرَ الـمَدْرَسَةِ . \ .... تفضل معي حتى آخذك الى مكتب المدير

5- هَلْ أنْتَ أحْمَدُ ؟ \ هَلْ أنْتِ فاطِمَةُ ؟ \ .... لا أنا سارة

❋❋❋

• التَّدْريبُ الثّاني : العِباراتُ التّالِيَةُ مُسْتَعْمَلَةٌ لِخِطابِ الـمُذَكَّرِ أوِ الإشارَةِ إلَيْهِ ، أَدْخِلوا التَّغْييراتِ اللازِمَةِ عَلَى الكَلِماتِ التي تَحْتَها خَطٌّ لِتُصْبِحَ العِباراتُ مُناسِبَةً لِخِطابِ الـمُؤَنَّثِ ، ثُمَّ اكْتُبوا العِبارَةَ الجَديدَةَ عَلَى السَّطْرِ الـمُنَقَّطِ ، كَما في الـمِثالِ :

• The underlined following structures are used to address or to refer to a masculine person; please make the necessary changes so that the structure would be suitable to address or refer to a feminine person, then write the new structure on the dotted line as in the given example :

> أنا أحْمَدُ مُصْطَفى ، مَنْ أنْتَ ؟ ← أنا فاطِمَةُ مُصْطَفى ، مَنْ أنْتِ ؟

1- تشرفت بمعرفتك يا سيد أحمد . ← تشرفت يا سيدة فاطمة

2- من فضلك ، أريد أن أقابل المدير . ← من فضلك أريد

3- أحمد يتعرف على حسن . ← فاطمة تتعرف

4- تفضل معي حتى آخذك إلى مكتب المدير . ← تفضلي أخذك

5- شُكْراً يا أخي الكَريمُ وجَزاكَ اللهُ خَيْراً . ← أختي الكريمة

6- أَهْلاً وَسَهْلاً بِكَ . ⇐ ....بِكِ..................

❀ ❀ ❀

• التدريب الثالث : اقرؤوا النص التالي، ثم استخرجوا الأسماء والأفعال والـحروف، **(أقسام الكلمة)**، واكتبوها في مكانها الـمناسب من الـجدول التالي ، كما في الـمثال :

• Read the following text, then identify all the nouns, verbs and particles (**parts of speech** and write them down where they belong under the right column of the following table:

• هَذِهِ مَدْرَسَتُنَا . مَدْرَسَتُنَا جَمِيلَةٌ وَنَظِيفَةٌ وَكَبِيرَةٌ . نَذْهَبُ إِلَى مَدْرَسَتِنَا فِي الصَّبَاحِ وَنَعُودُ مِنهَا بَعْدَ الظُّهْرِ . نَحْنُ نَذْهَبُ إِلَى الْـمَدْرَسَةِ لِنَتَعَلَّـــمَ . فِيـــهَا نَتَعَلَّـــمُ الْــقِرَاءَةَ وَالْــكِتَابَةَ وَالْــحِسَابَ وَالْــعُلُومَ . فِي مَدْرَسَتِنَا نَلْعَبُ أَلْعَاباً رِيَاضِيَّـــةً تَنْفَعُنَا وَتُقَوِّي أَجْسَامَنَا . (come back) (bodies)

حَرْفٌ (particle)	فِعْلٌ (verb)	إِسْمٌ (noun)
إلى	نذهب	هذه، مدرستنا
في	نعود	جميلة، ونظيفة
من	نذهب	وكبيرة
بعد	لنتعلم	الكتابة
نحن		الحساب
و	نلعب	العلوم
ل	تنفعنا	رياضية، ألعابا
	←	وتقوي
	أجسامنا	→ القراءة

QUR'ANIC EXAMPLES \ تَطْبِيقَاتٌ قُرْآنِيَّةٌ

{ إِذَا جَآءَ نَصْرُ اللَّهِ وَالْـفَتْحُ * وَرَأَيْتَ النَّاسَ يَدْخُلُونَ فِي دِينِ اللَّهِ أَفْوَاجًا *
فَسَبِّحْ بِحَمْدِ رَبِّكَ وَاسْتَغْفِرْهُ إِنَّهُ كَانَ تَوَّابـًا * } (سُورَةُ النَّصْر : 110)

❁ ❁ ❁

إِذَا .... When

نَصْرُ .... (The) help (of)

وَالْـفَتْحُ .... And the victory

النَّاسَ .... The people

فِي = فــي .... In

أَفْوَاجًا .... In crowds (non-organized group)

بِحَمْدِ (بِـ + حَمْدِ) .... With (the) praise (of)

جَآءَ = جَاءَ .... Has come, comes

اللَّهِ .... Allah = the One God

وَرَأَيْتَ .... You did see, you see

يَدْخُلُونَ ...... They enter, they entering

دِينِ .... (The) Religion (of)

فَسَبِّحْ (فَـ +سَبِّحْ) .... Then celebrate

رَبِّكَ (رَبِّ + ـكَ) .... Your Lord

وَاسْتَغْفِرْهُ (وَ + اسْتَغْفِرْ + هُ) .... And pray for his forgiveness

إِنَّهُ (إِنَّ + ـهُ) .... Indeed He

كَانَ .... Was (and still is)

تَوَّابًا .... Oft -Forgiving

❁ ❁ ❁

اقْرَؤُوا السُّورَةَ ، ثُمَّ عَيِّنُوا كُلَّ إِسْمٍ وفِعْلٍ وحَرْفٍ بِكِتَابَتِهِ في مَكَانِـهِ الـمُنَاسِبِ مِن الـجَدْوَلِ التَّالِي:

- Read the Qur'anic *Surah* above, then identify each **noun**, **verb**, or **particle** by writing it under the proper category of the following table:

حرف	فعل (verb)	إسم (noun)
إذا	جاء	نصر
و	رأيت	الله
في	يدخلون	فتح
إن	كان	الناس
ف	سبح	دين
ب	استغفره	أفواجا / ربك
		توابا

❁ ❁ ❁

الدَّرْسُ الثَّانِي

• التَّدْرِيبُ الأَوَّلُ: املأُوا الـفَرَاغَاتِ فِي الـجُمَلِ التَّالِيَةِ بِكِتَابَةِ الـكَلِمَةِ الـمُنَاسِبَةِ مِنْ بَيْنِ الـكَلِمَاتِ الَّتِي بَيْنَ قَوْسَيْنِ فِي نِهَايَةِ الـجُمَلِ :

• Fill in the blanks by writing the appropriate word from among those given in parenthesis at the end of the sentences:

1– أَمَلُ .... عَبِيرَ فِي بَيْتِهَا . (يَزُورُ \ تَذْهَبُ \ تَزُورُ)

2– أَنَا آسِفَةٌ لِتَأَخُّرِي .... مَوْعِدِنَا . (عَلَى \ مَعَ \ عَنْ)

3– أَنَا مُتَشَوِّقَةٌ لِلتَّعَرُّفِ .... أُسْرَتِكِ . (فِي \ إِلَى \ عَلَى)

4– أَنَا .... عَبِيرَ وَاسْمِي صَلاحٌ . (أَبُو \ أُمُّ \ الآنِسَةُ)

5– وَهَذِهِ .... مَرْيَمُ أُمُّ عَبِيرَ . (زَوْجَتِي \ أَخِي \ أَبِي)

6– أَخِي الأَكْبَرُ خَالِدٌ .... إِلَى النَّادِي الرِّيَاضِيِّ . (ذَهَبَتْ \ نَذْهَبُ \ ذَهَبَ)

7– سَوْفَ تُقَابِلِينَهُ .... يَعُودُ فِي الـمَسَاءِ . (هَيَّا \ عِنْدَمَا \ مَعَ)

* * *

• التَّدْرِيبُ الثَّانِي : الـكَلِمَاتُ الَّتِي تَحْتَهَا خَطٌّ فِي الـجُمَلِ التَّالِيَةِ تُشِيرُ إِلَى أَنَّ الـمُتَكَلِّمَ أَوِ الـمُخَاطَبَ مُؤَنَّثٌ . أَعِيدُوا كِتَابَةَ الـجُمَلِ مَعَ تَغْيِيرِ مَا يَلْزَمُ لِتُنَاسِبَ الـمُذَكَّرَ:

• The underlined parts of the following sentences contain words which point that the addressee or speaker is feminine. Rewrite the sentences, making the necessary changes so that the sentences are suitable for masculine:

1– صَبَاحَ الـخَيْرِ يَا عَبِيرُ . > ....يا خالدُ..........

2– أَنَا آسِفَةٌ لِتَأَخُّرِي عَنْ مَوْعِدِنَا . > ....آسِفٌ..........

3– صَبَاحَ النُّورِ يَا عَزِيزَتِي . > ....يا عزيزي..........

4– أَهْلاً وَمَرْحَباً بِكِ . > ....بكَ..........

5– أَنَا مُتَشَوِّقَةٌ لِلتَّعَرُّفِ عَلَى أُسْرَتِكِ . > ....مُتَشَوِّقٌ   أسرتكَ..........

6– هَيَّا نَذْهَبْ لِتَتَعَرَّفِي عَلَيْهِم . > ....لِتَتَعَرَّفَ..........

7– أَهْلاً بِالضَّيْفَةِ الـكَرِيـمَةِ . > ....بالضَّيفِ الكريم..........

8- أَنَا أُمُّ عَبِيرَ وَاسْمِي مَرْيَمُ . < أَبُو صَلَاحٍ ....

9- أَنَا تِلْمِيذَةٌ فِي الصَّفِّ الثَّالِثِ . < تِلْمِيذٌ ....

10- شُكْراً يَا أُخْتِي الْـكَرِيمَةُ . < أَخِي الكَرِيمُ ....

❁ ❁ ❁

• التَّدْرِيبُ الثَّالِثُ : اقْرَؤُوا النَّصَّ التَّالِي قِرَاءَةً جَهْرِيَّةً ، ثُمَّ أَجِيبُوا كِتَابَةً عَنِ الأَسْئِلَةِ التَّالِيَةِ :

• Read the following text aloud , then answer the following questions in writing:

زَارَ خَالِدٌ صَدِيقَهُ مُوسَى فِي بَيْتِهِ . تَأَخَّرَ خَالِدٌ عَنِ الْـمَوْعِدِ ، فَقَالَ لِمُوسَى : أَنَا آسِفٌ لِتَأَخُّرِي عَنْ مَوْعِدِنَا . رَحَّبَ مُوسَى بِخَالِدٍ ، وَقَالَ لَهُ : أَهْلاً وَمَرْحَباً بِكَ يَا عَزِيزِي .

• كَانَ أَبُو مُوسَى وَأُمُّهُ فِي الْـحَدِيقَةِ . ذَهَبَ خَالِدٌ وَتَعَرَّفَ عَلَيْهِمْ . قَالَ أَبُو مُوسَى: أَهْلاً وَسَهْلاً بِالضَّيْفِ الْـكَرِيمِ . وَقَالَ خَالِدٌ : تَشَرَّفْتُ بِمَعْرِفَتِكُمْ .

• أُخْتُ مُوسَى الْـكُبْرَى كَانَتْ فِي النَّادِي الرِّيَاضِيِّ تَتَدَرَّبُ مَعَ فَرِيقِهَا ، وَقَابَلَهَا خَالِدٌ عِنْدَمَا عَادَتْ فِي الْـمَسَاءِ .

❁ ❁ ❁

1- مَنْ زَارَ مُوسَى فِي بَيْتِهِ ؟ ⇐ زَارَ خَالِدٌ صَدِيقَهُ مُوسَى فِي بَيْتِهِ ....

2- هَلْ تَأَخَّرَ خَالِدٌ عَنِ الْـمَوْعِدِ ؟ ⇐ تَأَخَّرَ خَالِدٌ عَنِ الْمَوْعِدِ ....

3- مَاذَا قَالَ خَالِدٌ لِمُوسَى ؟ ⇐ فَقَالَ لِمُوسَى : أَنَا آسِفٌ لِتَأَخُّرِي عَنْ مَوْعِدِنَا . ...

4- كَيْفَ رَحَّبَ مُوسَى بِخَالِدٍ ؟ ⇐ رَحَّبَ مُوسَى بِخَالِدٍ ، وَقَالَ لَهُ : أَهْلاً وَمَرْحَباً بِكَ يَا عَزِيزِي . ...

5- أَيْنَ كَانَ أَبُو مُوسَى وَأُمُّهُ ؟ ⇐ كَانَ أَبُو مُوسَى وَأُمُّهُ فِي الْحَدِيقَةِ ....

6- مَاذَا قَالَ أَبُو مُوسَى لِخَالِدٍ ؟ ⇐ قَالَ أَبُو مُوسَى : أَهْلاً وَسَهْلاً بِالضَّيْفِ الْكَرِيمِ ....

7- أَيْنَ كَانَتْ أُخْتُ مُوسَى ؟ ⇐ أُخْتُ مُوسَى الْكُبْرَى كَانَتْ فِي النَّادِي الرِّيَاضِي تَتَدَرَّبُ مَعَ فَرِيقِهَا . ...

8- مَتَى قَابَلَ خَالِدٌ أُخْتَ مُوسَى؟ ⇐ وَقَابَلَهَا خَالِدٌ عِنْدَمَا عَادَتْ فِي الْمَسَاءِ . ...

❁ ❁ ❁

• التَّدْرِيبُ الرَّابِعُ : أَعِيدُوا قِرَاءَةَ النَّصِّ السَّابِقِ قِرَاءَةً صَامِتَةً ، ثُمَّ اسْتَخْرِجُوا مِنَ النَّصِّ كُلَّ اسْمٍ مَعْرِفَةٍ وَاكْتُبُوهُ فِي مَكَانِهِ المُنَاسِبِ مِنَ الْجَدْوَلِ التَّالِي :

• Re-read the text above silently, then identify each **definite noun** by writing it under the appropriate category of the following table:

الاسْمُ المَوْصُولُ	اسْمُ الإِشَارَةِ	الاسْمُ المُعَرَّفُ بِأَلْ	العَلَمُ	الضَّمِيرُ
بيته		السُّوقَ	خَالِدٌ	أَنَا
مدينة		القديمة	مُوسَى	
المجد		الكريم		
		الرياضي		
		المساء		

تَطْبِيقَاتٌ قُرْآنِيَّةٌ \ QUR'ANIC EXAMPLES

1- ﴿ قُلْ هُوَ اللَّهُ أَحَدٌ * اللَّهُ الصَّمَدُ * ﴾ (الإخْلَاصُ 112 : 1-2)

2- ﴿ وَهُوَ الَّذِى سَخَّرَ الْبَحْرَ لِتَأْكُلُوا مِنْهُ لَحْمًا طَرِيًّا وَتَسْتَخْرِجُوا مِنْهُ حِلْيَةً تَلْبَسُونَهَا وَتَرَى الْفُلْكَ مَوَاخِرَ فِيهِ وَلِتَبْتَغُوا مِنْ فَضْلِهِ وَلَعَلَّكُمْ تَشْكُرُونَ ﴾ (النَّحْلُ 16 : 14)

* * *

- وَهُوَ (وَ + هُوَ) And He .... الَّذِى Who (masculine)
- سَخَّرَ Has made subject .... الْبَحْرَ The sea
- لِتَأْكُلُوا (لِ + تَأْكُل + ـوا) So that you may eat
- مِنْهُ (مِنْ + ـهُ) From it .... لَحْمًا Meat
- طَرِيًّا Tender, fresh .... وَتَسْتَخْرِجُوا And that you may extract
- حِلْيَةً Ornaments .... تَلْبَسُونَهَا That you wear them
- وَتَرَى And you see .... الْفُلْكَ The ships (collective noun)

In it .... فِيهِ- Ploughing through .... مَوَاخِرَ

Of, from .... مِنْ - And so that you may seek .... وَلِتَبْتَغُوا

And that you (plural) may .... وَلَعَلَّكُمْ His Bounty = Allah's Bounty .... فَضْلِهِ

(You / plural) give thanks .... تَشْكُرُونَ

❁ ❁ ❁

• اقرؤوا الآيـات الـقرآنية السابقة بتدبر ، ثم عينوا الأسماء **النكرة** و**الـمعرفة** واذكـروا نـوع الـمعرفة بكتابتها في مكانها الـمناسب من الـجدول التالي :

• Read the above Qur'anic *'Ayat* with reflection and understanding. Then, identify the **<u>indefinite</u>** and **<u>definite</u>** nouns in them by writing them under the right column of the following table:

	نوع الـمعرفة	معرفة (Definite)	نكرة (indefinite)
Pronoun 1	الضمير	وهو	لحما
Defined Noun (by Definite article) 3.	الاسم المعرف بأل التعريف	البحر ، الفلك	حلية
Proper name 2.	العلم	الله	طريا
Idafah 4 / Demonstrative pronoun 6	الاسم المضاف	فضله	
Relative Pronoun 5.	الاسم الموصول	الذي	

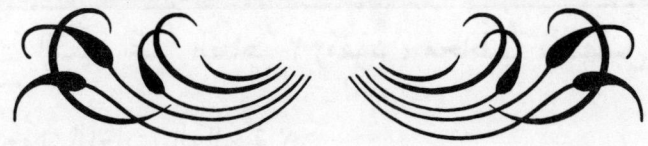

الدَّرْسُ الثَّالِثُ

• التَّدْرِيبُ الأَوَّلُ : اقرؤُوا نَصَّ الدَّرْسِ صَفْحَةَ 22–21 مِنْ كِتَابِ الـقِرَاءةِ قِـــرَاءَةً صَامِتَـةً إِسْتِعْدَاداً لِلأَجَابَةِ عَنِ الأَسْئِلَةِ التَّالِيَةِ كِتَابَةً :

• Read silently the text of the lesson, on pages 21- 22 of the textbook in preparation to answer the following questions in writing:

1- مَنِ اسْتَقْبَلَتْ عُمَرَ فِي الـمَطَارِ ؟ ⇐ ....

2- هَلْ عَفَافُ مِنْ مَعْهَدِ اللُّغَاتِ الـعَالَمِيَّةِ ؟ ⇐...

3- أَيْنَ مَعْهَدُ اللُّغَاتِ الـعَالَمِيَّةِ ؟ ⇐ ....

4- هَلْ عَفَافُ سِكْرِتِيرَةُ الـمَعْهَدِ ؟ ⇐..

5- هَلْ كَانَتْ سَفْرَةُ عُمَرَ مُرِيحَةً وَمُيَسَّرَةً ؟ ⇐ ....

6- هَلْ عُمَرُ تَعْبَانُ مِنَ الرِّحْلَةِ ؟ ⇐ ....

7- مِنْ أَيْنَ بَدَأَتِ الرِّحْلَةُ ، وَأَيْنَ انْتَهَتْ ؟ ⇐ ....

(started, ended) . ...

8- إِلَى أَيْنَ سَتَأْخُذُ عَفَافُ عُمَرَ لِيَرْتَاحَ ؟ ⇐ ....

9- هَلْ عُمَرُ مُتَشَوِّقٌ لِشَيْءٍ ؟ مَا هُوَ ؟ ⇐ ....

* * *

• التَّدْرِيبُ الثَّانِي : اقْرَؤُوا الـجُمَلَ التَّالِيَةَ **وَعَيِّنُوا الضَّمَائِرَ** بِوَضْعِ **خَطٍّ تَحْتَهَا** ، **ثُمَّ اكْتُبُوا وَصْفاً لِكُـلِّ ضَمِيرٍ** بِاسْتِعْمَالِ مَا يُنَاسِبُ مِنَ الكَلِمَاتِ الـمَكْتُوبَةِ دَاخِلَ الشَّكْلِ :

• Read the following sentences and **identify all pronouns** by **underlining** them. Then **write the appropriate description** using as many needed words from among those inside the box. The first sentence is done for you as an example:

مُفْرَدٌ ، مُثَنَّى ، جَمْعٌ ، مُتَكَلِّمٌ ، مُخَاطَبٌ ، غَائِبٌ ، مُنْفَصِلٌ ، مُتَّصِلٌ

1- عَفْواً ، هَلْ أَنْتَ السَّيِّدُ عُمَرُ الطَّاهِرُ ؟ (**مُفْرَدٌ ، مُخَاطَبٌ ، مُنْفَصِلٌ**)

2- هَلْ أَنْتِ مِنْ مَعْهَدِ اللُّغَاتِ العَالَمِيَّةِ ؟ (..................................)

3- الـحَمْدُ لِلَّهِ عَلَى سَلاَمَتِكَ . (..................................)

4- نَعَمْ ، إِسْمِي عَفَافُ القَاضِي . (..............................)

5- أَنَا آسِفَةٌ لِتَأَخُّرِي عَنْ مَوْعِدِنَا . (..............................) ،

(..............................) ، (..............................) .

6- سَوْفَ تُقَابِلِينَهُ عِنْدَمَا يَعُودُ فِي الـــمَسَاءِ . (..............................)

7- هُنَّ مِنَ القُدْسِ . (..............................)

8- هَلْ هَذَا مَعْهَدُكُمْ ؟ (..............................)

9- ذَهَبَ الطُّلاَّبُ إِلَى مَعْهَدِهِمْ . (..............................)

10- السَّلاَمُ عَلَيْكُمْ ورحْمَةُ اللَّهِ . (..............................)

۞ ۞ ۞

• الـــتَّدْرِيبُ الثَّالِثُ : امْلَأُوا الفَرَاغَاتِ فِي الجُمَلِ التَّالِيَةِ بِكِتَابَةِ الكَلِمَةِ الـــمُنَاسِبَةِ مِنْ بَيْنِ الكَلِمَاتِ الَّتِي بَيْنَ قَوْسَيْنِ فِي نِهَايَةِ الـــجُمْلَةِ :

• Fill in the blanks by writing in the appropriate word from among those given in parenthesis at the end of the sentence:

1- إِسْمِي عَفَافُ ، وَأَنَا .... الـــمَعْهَدِ . (سِكْرِتِير \ سِكْرِتِيرَةُ \ آنِسَةُ)

2- أَهْلاً .... وَشُكْرًا عَلَى اسْتِقْبَالِكَ لِي . (بِكَ \ بِكِ \ بِنَا)

3- أَنَا تَعْــبَانُ .... مِنَ الرِّحْلَةِ . (أَهْلاً \ قَلِيلاً \ شُكْراً)

4- بَدَأَت الرِّحْلَةُ مِنْ.... فِي الـــوِلاَيَاتِ الـــمُتَّحِدَةِ . (الـــقُدْسِ \ لُنْدُنْ \ شِيكَاغُو)

5- كُلُّ شَيْءٍ كَانَ .... مَا يُرَام . (فِي \ عَلَى \ مِنْ)

6- هَذَا شَيْءٌ .... (جَمِيلَةٌ \ طَوِيلَةٌ \ جَمِيلٌ)

7- غَداً آخُذُكَ إِلَى الـــمَعْهَدِ .... عَلَيْهِ . (لِتَتَعَرَّفَ \ لِتَتَعَرَّفِي \ لِتَرْتَاحَ)

🕮 QUR'ANIC EXAMPLES \ تَطْبِيقَاتٌ قُرْآنِيَّةٌ 🕮

1– { رَبَّنَا وَاجْعَلْنَا مُسْلِمَيْنِ لَكَ وَمِن ذُرِّيَّتِنَآ أُمَّةً مُّسْلِمَةً لَّكَ وَأَرِنَا مَنَاسِكَنَا وَتُبْ عَلَيْنَآ إِنَّكَ أَنتَ التَّوَّابُ الرَّحِيمُ } (البَقَرَةُ 2: 128)

2– { وَمِنْ ءَايَاتِهِ أَنْ خَلَقَكُم مِّن تُرَابٍ ثُمَّ إِذَآ أَنتُم بَشَرٌ تَنتَشِرُونَ } (الرُّومُ 30: 20)

* * *

Our Lord .... رَبَّنَا	And make us .... وَاجْعَلْنَا
Two Muslims (dual form) .... مُسْلِمَيْنِ	To You .... لَكَ
And of , and from among .... وَمِنْ	Our progeny , our offspring .... ذُرِّيَّتِنَا
A people, a nation .... أُمَّةً	Muslim, submitting .... مُّسْلِمَةً
To You .... لَّكَ	And show us .... وَأَرِنَا
Our rites of worship .... مَنَاسِكَنَا	And pardon, turn in Mercy .... وَتُبْ
Unto us .... عَلَيْنَا	Indeed You (are) .... إِنَّكَ
You = Thou .... أَنْتَ	Often- Pardoning, Oft-Relenting ..... التَّوَّابُ
Most Merciful .... الرَّحِيمُ	And among .... وَمِنْ
His Signs .... ءَايَاتِهِ = أيَاتِهِ	(Is) that .... أَنْ
He created you .... خَلَقَكُمْ	From .... مِنْ
Dust .... تُرَابٍ	Then .... ثُمَّ
Behold, afterwards .... إِذَآ	You (are) .... أَنْتُمْ
Men, human beings .... بَشَرٌ	Scattering far and wide, spreading تَنْتَشِرُونَ

* * *

(1) اقرؤُوا الآيَاتِ القُرْآنِيَّةِ بِتَدَبُّرٍ ثُمَّ عيِّنُوا **الضَّمَائِرَ** بِكِتَابَتِهَا فِي كُرَّاسَاتِ الوَاجِبِ المَنْزِلِيِّ ثُمَّ اكْتُبُوا وَصْفاً لِكُلِّ ضَمِيرٍ كَمَا فِي التَّدْرِيبِ الثَّانِي أَعْلاَهُ :

- Read with reflection the above *Qur'anic Ayat*, then identify all the **pronouns** by writing them in your home-work notebook and giving them description following the example of Drill Two above.

الدَّرْسُ الرَّابِعُ

• التَّدرِيبُ الأَوَّلُ: امْلأُوا الفَرَاغَاتِ فِي الـــجُمَلِ التَّالِيَةِ بِكِتَابَةِ الكَلِمَةِ الـــمُنَاسِبَةِ مِنْ بَيْنِ الكَلِمَاتِ الَّتِي بَيْنَ قَوْسَيْنِ :

• Fill in the blanks in the following sentences by writing the appropriate word from among those given in parentheses:

1- هَلْ أَنْتِ .... هُنَا ؟ (وَحْدَكَ \ وَحْدَكِ \ وَحْدَهَا)

2- نَعَمْ ، أَهْلِي .... إِلَى السُّوقِ . (ذَهَبَ \ ذَهَبْتُمْ \ ذَهَبُوا)

3- البَيْتُ قَرِيبٌ .... الـــمَدْرَسَةِ . (مِنْ \ بَعْدَ \ مَعَ)

4- صَمَّمَ أَبِي هَذَا البَيْتَ .... (بِنَفْسِهِمْ \ بِنَفْسِهِ \ بِنَفْسِهَا)

5- .... مَعِي لِتَرَى حَدِيقَةَ البَيْتِ . (تَعَالَوْا \ تَعَالَيْ \ تَعَالَ)

6- البَيْتُ يَتَكَوَّنُ مِنْ أَرْبَعِ .... لِلنَّوْمِ . (غُرَفٍ \ غُرْفَةٍ \ غُرْفَتَانِ)

7- هَذَا بَيْتٌ جَمِيلٌ مِنَ الدَّاخِلِ وَمِنَ .... (القَرِيبِ \ الخَارِجِ \ الـــمُمْتَازِ)

8- نَرْجُو أَنْ تَزُورَنَا .... نُذَاكِرَ مَعاً . (أَيْضاً \ حَتَّى \ فَوْق)

❁ ❁ ❁

• التَّدْرِيبُ الثَّانِي : اقْرَؤُوا الجُمَلَ التَّالِيَةَ ، وَلاَحِظُوا الـــتَّـــصْرِيفَاتِ الـــمُخْتَلِفَةَ لِلْفِعْلِ الـــمَاضِي فِيمَا تَحْتَهُ خَطٌّ :

• Read the following sentences, paying special attention to the **different conjugations** of a **perfect (past tense) verb** underlined below:

1- ذَهَبَ أَبِي إِلَى الـــبَيْتِ . (هُوَ)

2- ذَهَبَتْ أُمِّي إِلَى السُّوقِ . (هِيَ)

3- هَلْ ذَهَبْتَ إِلَى مَكْتَبِ الـــمُدِيرِ يَا أَخِي ؟ (أَنْتَ)

4- هَلْ ذَهَبْتِ إِلَى الـــمَطْبَخِ يَا أُخْتِي ؟ (أَنْتِ)

5- ذَهَبْتُ إِلَى حَدِيقَةِ البَيْتِ . (أَنَا)

6- ذَهَبَا إِلَى الـــمَدْرَسَةِ . (هُمَا \ Masculine)

7- <u>ذَهَبَتَا</u> إِلَى النَّادِي الرِّيَاضِيِّ . (هُمَا \ Feminine)

8- هَلْ <u>ذَهَبْتُمَا</u> إِلَى المَطَارِ ؟ (أَنْتُمَا \ Identical for Masculine & Feminine)

9- <u>ذَهَبُوا</u> إِلَى الوِلَايَاتِ المُتَّحِدَةِ . (هُمْ)

10- <u>ذَهَبْنَ</u> إِلَى السُّوقِ . (هُنَّ)

11- إِلَى أَيْنَ <u>ذَهَبْتُمْ</u> ؟ (أَنْتُمْ)

12- إِلَى أَيْنَ <u>ذَهَبْتُنَّ</u> ؟ (أَنْتُنَّ)

13- <u>ذَهَبْنَا</u> إِلَى القُدْسِ . (نَحْنُ)

❋❋❋

التَّدْرِيبُ الثَّالِثُ : اقرَؤُوا الجُمَلَ التَّالِيَةَ ، وَلَاحِظُوا التَّصْرِيفَاتِ المُخْتَلِفَةَ لِلْفِعْلِ المُضَارِعِ فِيمَا تَحْتَهُ خَطٌّ :

• Read the following sentences, paying special attention to the different underlined **conjugations of an imperfect (present tense) verb**:

1- <u>يَدْرُسُ</u> إِبْنِي فِي مَدِينَةِ القُدْسِ . (هُوَ)

2- <u>تَدْرُسُ</u> بِنْتِي اللُّغَةَ العَرَبِيَّةَ . (هِيَ)

3- أَيْنَ <u>تَدْرُسُ</u> يَا أَحْمَدُ ؟ (أَنْتَ)

4- أَيْنَ <u>تَدْرُسِينَ</u> يَا لَيْلَى ؟ (أَنْتِ)

5- <u>أَدْرُسُ</u> فِي مَدْرَسَةٍ خَاصَّةٍ . (أَنَا)

6- إِبْنُ أَخِي وَإِبْنُ أُخْتِي <u>يَدْرُسَانِ</u> فِي مَدْرَسَةِ اللُّغَاتِ العَالَمِيَّةِ (هُمَا \ Masculine)

7- بِنْتُ خَالِي وَبِنْتُ خَالَتِي <u>تَدْرُسَانِ</u> فِي هَذِهِ المَدْرَسَةِ . (هُمَا \ Feminine)

8- هَلْ <u>تَدْرُسَانِ</u> اللُّغَةَ العَرَبِيَّةَ ؟ (أَنْتُمَا \ Masculine & Feminine)

9- أَبْنَاءُ عَمِّي <u>يَدْرُسُونَ</u> اللُّغَةَ العَرَبِيَّةَ . (هُمْ)

10- بَنَاتُ عَمِّي <u>يَدْرُسْنَ</u> فِي القُدْسِ . (هُنَّ)

11- هَلْ <u>تَدْرُسُونَ</u> فِي هَذِهِ المَدْرَسَةِ ؟ (أَنْتُمْ)

• **التَّدْرِيبُ الرَّابِعُ** : اقْرَؤُوا الجُمَلَ التَّالِيَةَ ، وَلاَحِظُوا التَّصْرِيفَاتِ الـــمُخْتَلِفَةَ **لِفِعْلِ الأَمْرِ** فِيمَا تَحْتَهُ خَطٌّ :

(*لاَحِظُوا أَنَّ تَصْرِيفَ فِعْلِ الأَمْرِ يَنْطَبِقُ فَقَطْ عَلَى الـــمُخَاطَبِ*)

• Read the following sentences, paying secial attention to the different underlined **conjugations of an imperative (command) verb**: (*Note that direct command can be applied only to second persons*)

1- أُدْرُسْ وَقْتَ الدَّرْسِ وَالـــعَبْ وَقْتَ اللَّعِبِ . (أَنْتَ)

2- أُدْرُسِـــي وَقْتَ الدَّرْسِ وَالـــعَبِـــي وَقْتَ اللَّعِبِ . (أَنْتِ)

3- أُدْرُسَا وَقْتَ الدَّرْسِ وَالـــعَبَا وَقْتَ اللَّعِبِ . (أَنْـــتُمَا \ Masculine & feminine)

4- أُدْرُسُوا وَقْتَ الدَّرْسِ وَالـــعَـــبُوا وَقْتَ اللَّعِبِ . (أَنْتُمْ)

5- أُدْرُسْنَ وَقْتَ الدَّرْسِ وَالـــعَبْنَ وَقْتَ اللَّعِبِ . (أَنْـــتُنَّ)

❀ ❀ ❀

• الـــتَّدْرِيبُ الـــخَامِسُ : اقْرَؤُوا كُلَّ كَلِمَتَيْنِ مُتَقَابِلَتَيْنِ وَحَدِّدُوا نَوْعَ العَلاَقَاتِ اللُّغَوِيَّةِ

بِاخْتِيَارِ مَا يُنَاسِبُهَا مِنَ الأَصْطِلاَحَاتِ ، كَمَا فِي الـــمِثَالِ :

• Your are required to read each pair of words of the numbered list, then write next to it the applicable Arabic linguistic expressions from among those in the shaded box. The first item is done for you as an example:

إِسْمٌ نَكِرَةٌ \ إِسْمٌ مَعْرِفَةٌ ، ضَمِيرٌ مُنْفَصِلٌ \ ضَمِيرٌ مُتَّصِلٌ ، الفِعْلُ الـــمَاضِي \ الفِعْلُ الـــمُضَارِعُ ، مُفْرَدٌ \ مُثَنَّى ، مُفْرَدٌ \ جَمْعٌ ، ضَمِيرٌ مُتَكَلِّمٌ \ ضَمِيرٌ مُخَاطَبٌ ، الفِعْلُ الـــمُضَارِعُ \ فِعْلُ الأَمْرِ ، ضَمِيرٌ مُخَاطَبٌ \ ضَمِيرٌ غَائِبٌ

1- زَهْرَةٌ – أَزْهَارٌ >> **مُفْرَدٌ \ جَمْعٌ** .   2- أَنْتُمْ – عَلَيْكُمْ >> ______________

3- يَلْعَبُ – الـــعَبْ >> ____________ .   4- ذَهَبْنَا – نَذْهَبُ >> ____________

5- حَمَّامٌ – حَمَّامَانِ >> ____________ .   6- رِحْلَةٌ – الرِّحْلَةُ >> ____________

7- ذَهَبُوا – يَذْهَبُونَ >> ____________ .   8- غُرْفَةٌ – غُرَفٌ >> ____________

9- أَنْتَ – هِيَ >> ____________ .   10- نَحْنُ – أَنْـــتُنَّ >> ____________

11- طَعَامٌ – الطَّعَامُ >> ____________ .   12- يَجْلِسُ – إِجْلِسْ >> ____________

🕮 QUR'ANIC EXAMPLES \ تَطْبِيقَاتٌ قُرْآنِيَّةٌ 🕮

1- { اقْرَأْ بِاسْمِ رَبِّكَ الَّذِى خَلَقَ * خَلَقَ الإِنْسَـــنَ مِنْ عَلَقٍ * اقْرَأْ وَرَبُّكَ الأَكْرَمُ * الَّذِى عَلَّمَ بِالْقَلَمِ * } (العلق 96: 1- 4)

2- { وَهُوَ الَّذِى يَقْبَــلُ التَّوْبَـــةَ عَنْ عِبَادِهِ وَيَعْــفُواْ عَنِ الســـَّيِّـــئَاتِ وَيَعْلَمُ مَا تَفْعَلُونَ } (الشُّورَى 42: 25)

* * *

اقْرَأْ	Read (command verb)	بِاسْمِ (بِــ + اسْمِ)	In te name ....
رَبِّـــكَ (رَبّ + كَ)	Your Lord	الَّذِى	He Who ....
خَلَقَ	He created	الإِنْسَـــنَ	Man, the human being ....
مِنْ	Out of, from	عَلَقٍ	Leech-like clot ....
وَرَبُّكَ (وَ + رَبُّ + ـــكَ)	And your Lord...	الأَكْرَمُ	Most - Bountiful ....
عَلَّمَ	He raught	بِالْـــقَلَمِ (بِــ + الْـــقَلَمِ)	The pen.................
وَهُوَ (وَ + هُوَ)	And He (is)	يَقْــبَلُ	Accepts ....
التَّوْبَةَ	The repentance	عَنْ	From ....
عِبَادِهِ (عِبَادِ + هِ)	His servants	وَيَعْفُواْ (عَنِ)	And forgives ....
الســَّيِّــئَاتِ	The sins, the bad deeds	وَيَعْلَمُ	And He knows ....
مَا	That, which (relative pronoun)	تَفْعَلُونَ	You (plural) know ....

* * *

• تُوجَدُ فِي الآيَاتِ السَّابِقَةِ سَبْعَةُ أَفْعَالٍ مُخْتَلِفَةٍ . اُكْتُبُوهَا فِي الفَرَاغَاتِ الــمُرَقَّمَةِ فِيمَا يَلِي ثُمَّ اكْتُبُوا إِلَى جَانِبِ كُلِّ فِعْلٍ هَلْ هُوَ : " مَاضِي " أَمْ " مُضَارِع " أَمْ " أَمْر " :

• There are in the above *Ayat* seven different verbs. Please write these verbs on the numbered spaces below, then write next to it whether the verb is " **present tense** ", " **past tense** " or " **command verb** ", using the Arabic terminology above:

-1 ____________ \ ____________ .   -2 ____________ \ ____________ .

-3 ____________ \ ____________ .   -4 ____________ \ ____________ .

-5 ____________ \ ____________ .   - 6 ____________ \ ____________ .

-7 ____________ \ ____________ .

الدَّرْسُ الــخَامِسُ

• التَّدْرِيبُ الأَوَّلُ : اقْرَؤُوا الــنَّصَّ الــتَّالِي قِرَاءَةً جَهْرِيَّةً فِي الصَّفِّ ، ثُمَّ أَجِيــبُوا كِتَابَةً عَنِ الأَسْئِلَةِ التَّالِيَةِ :

• Read the following text aloud, then answer the following questions by writing them on the dotted spaces:

• رَجَعَتْ فَاطِمَةُ إِلَى بَيْتِهَا مِنَ الــمَدْرَسَةِ ، فَوَجَدَتْ أُمَّهَا تَطْبُخُ طَعَــامَ العَشَــاءِ لِمُنَاسَبَةٍ خَاصَّةٍ . كَانَتْ رَائِحَةُ الطَّعَامِ شَهِيَّةً جِدّاً .

• كَانَ أَبُو فَاطِمَةَ فِي غُرْفَةِ الإِسْتِقْبَالِ مَعَ الضُّيُوفِ ، وَكَانَ الضُّيُوفُ هُمْ عَمٌّ وَعَمَّةُ فَاطِمَةَ وَأَوْلَادُهُمَا الــذِينَ حَضَرُوا لِزِيَارَتِهِمْ فِي أَمْرِيكَا مِنْ أَرْضِ الوَطَنِ .

• فَرِحَتْ فَاطِمَةُ بِهَذِهِ الــمُفَاجَأَةِ السَّارَّةِ وَالأَخْبَارِ الطَّيِّبَةِ ، وَذَهَبَتْ وَسَلَّمَتْ عَلَى الضُّيُوفِ ، ثُمَّ رَجَعَتْ إِلَى الــمَطْبَخِ لِتُسَاعِدَ أُمَّهَا فِي تَرْتِيبِ الــمَائِدَةِ .

❁ ❁ ❁

1- مِنْ أَيْنَ رَجَعَتْ فَاطِمَةُ إِلَى بَيْتِهَا ؟ ⇐ ....

2- مَاذَا كَانَتْ أُمُّ فَاطِمَةَ تَعْمَلُ ؟ ⇐ ....

3- كَيْفَ كَانَتْ رَائِحَةُ الطَّعَامِ ؟ ⇐ ....

4- أَيْنَ كَانَ أَبُو فَاطِمَةَ ؟ ⇐ ....

5- مَنْ هُمُ الضُّيُوفُ ؟ ⇐ ....

6- مِنْ أَيْنَ حَضَرَ الضُّيُوفُ ؟ ⇐ ....

7- هَلْ تَعِيشُ فَاطِمَةُ وَعَائِلَتُهَا فِي أَمْرِيكَا ؟ ⇐ ....

8- بِمَاذَا فَرِحَتْ فَاطِمَةُ ؟ ⇐ ....

9- مَاذَا فَعَلَتْ فَاطِمَةُ بَعْدَ ذَلِكَ ؟ ⇐ ....

10- لِمَاذَا رَجَعَتْ فَاطِمَةُ إِلَى الــمَطْبَخِ ؟ ⇐ ....

• التَّدْرِيبُ الثَّانِي : اقْرَؤُوا الجُمَلَ التَّالِيَةَ قِرَاءَةً صَامِتَةً ، ثُمَّ عَيِّنُوا كُلَّ اسْمٍ مُذَكَّرٍ بِوَضْعِ خَطٍّ تَحْتَهُ وَكُلَّ اسْمٍ مُؤَنَّثٍ بِوَضْعِهِ بَيْنَ قَوْسَيْنِ ، كَمَا فِي المِثَالِ :

• Read the following sentences silently, then identify each masculine noun by underlining it, and each feminine noun by placing it between parentheses, as in the given example:

أَبِي وَ(أُمِّي) وَ(أُخْتِي) فِي (حَدِيقَةِ) البَيْتِ .

1- رَائِحَةُ الطَّعَامِ شَهِيَّةٌ جِدّاً .

2- هِيَ تُحَضِّرُ طَعَامَ العَشَاءِ لِمُنَاسَبَةٍ خَاصَّةٍ .

3- هَذَا مَكْتَبٌ جَدِيدٌ وَهَذِهِ سِجَّادَةٌ قَدِيمَةٌ .

4- تُرِيدُ مَرْيَمُ أَنْ تُقَابِلَ مُدِيرَ المَدْرَسَةِ .

5- أَنَا أَبُو عُبَيْرٍ واسْمِي صَلاَحٌ .

6- هَلْ أَنْتِ مِنْ مَعْهَدِ اللُّغَاتِ العَالَمِيَّةِ ؟

7- طَبْعاً ! هَذِهِ كَانَتْ رِحْلَةً طَوِيلَةً .

8- هَذَا بَيْتٌ كَبِيرٌ وَجَمِيلٌ ، وَهُوَ قَرِيبٌ مِنَ المَدْرَسَةِ .

9- هَذِهِ صُورَةُ إِبْنِ أُخْتِي .

10- إِبْنَةُ خَالِي زَوْجَةُ هَذَا الرَّجُلِ .

11- جَدِّي وَجَدَّتِي يَسْكُنَانِ فِي مَزْرَعَةٍ خَارِجَ المَدِينَةِ .

12- سَافَرَتْ أُخْتِي وَزَوْجُهَا إِلَى مَدِينَةِ القُدْسِ .

13- يَتَكَوَّنُ البَيْتُ مِنْ أَرْبَعِ غُرَفٍ وَحَمَّامَيْنِ .

14- فِي غُرْفَةِ النَّوْمِ سِجَّادَةٌ جَمِيلَةٌ وَسَرِيرٌ كَبِيرٌ .

15- عَفَافُ تَسْتَقْبِلُ عُمَرَ فِي المَطَارِ .

● <u>التَّدْرِيبُ الثَّالِثُ</u> : بِالرُّجُوعِ إِلَى مُفْرَدَاتِ وَتَرَاكِيبِ الدُّرُوسِ الخَمْسَةِ الأُولَى ، اُكْتُبُوا مَا لاَ يَقِلُّ عَنْ أَرْبَعِ كَلِمَاتٍ لِتَكْوِينِ جُمْلَةٍ مُفِيدَةٍ مَعَ الإِسْمِ الَّذِي تَبْدَأُ بِهِ الجُمْلَةُ ، ثُمَّ تَرْجِمُوا الجُمْلَةَ إِلَى الإِنْجلِيزِيَّةِ بِكِتَابَتِهَا عَلَى السَّطْرِ المُظَلَّلِ ، كَمَا فِي المِثَالِ :

- By referring to the vocabulary and structures of the first five lessons, please write no less than four words to form full meaningful sentences with the nouns given at the beginning of these sentences, then translate the resultant sentences into English by writing it on the shaded lines; as in the given example :

● <u>أَبِي مُهَنْدِسٌ مِعْمَارِيٌّ</u> ، وَقَدْ صَمَّمَ هَذَا البَيْتَ <u>بِنَفْسِهِ</u> .

● **My father** is an architectural engineer and he has designed this house by himself.

1– أُمِّي ....

1- ....

2– البَيْتُ ....

2. ....

3– عَمَّتِي ....

3. ....

4– خِزَانَةُ الثِّيَابِ ....

4. ....

5– خَالِي ....

5. ....

6– مَائِدَةُ الطَّعَامِ ....

6. ....

7– جَدِّي وَجَدَّتِي ....

7. ....

8– أَخِي الأَكْبَرُ ....

8. ....

9– أَنَا ....

9. ....

* * *

• التَّدْرِيبُ الرَّابِعُ : أَعِيدُوا تَرتِيبَ وَتَنْسِيقَ جُمَلَ التَّدْرِيبِ السَّابِقِ لِكِتَابَةِ مَوْضُوعٍ إِنْشَائِيٍّ فِي فِي حُدُودِ 70 كَلِمَةً ، دَاخِلَ الإِطَارِ التَّالِي:

• Rearrange and organize the sentences you have written in the previous drill to write a short composition of approximately 70 words, inside the following frame:

• التَّدْرِيبُ الخَامِسُ: اقْرَؤُوا الحَدِيثَ النَّبَوِيَّ التَّالِي ، وَحَاوِلُوا فَهْمَ مَعْنَاهُ وَتَرْجَمَتِهِ إِلَى الإِنْجِلِيزِيَّةِ:

• Read the following Prophetic Tradition, then try to understand its meaning and translate it into English:

قَالَ رَسُولُ اللَّهِ ﷺ : " طَلَبُ العِلْمِ فَرِيضَةٌ عَلَى كُلِّ مُسْلِمٍ وَمُسْلِمَةٍ ."

An obligation, a must .... فَرِيضَةٌ   Knowledge......... العِلْمِ   Seeking .... طَلَبُ

Male Muslim .... مُسْلِمٍ   Each, every .... كُلِّ   On, upon .... عَلَى

And a female Muslim .... وَمُسْلِمَةٍ

صلاة
صلوة

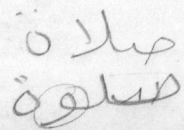

QUR'ANIC EXAMPLES \ تَطْبِيقَاتٌ قُرْآنِيَّةٌ

• { اللَّهُ نُورُ السَّمَـــوَٰتِ وَالْأَرْضِ مَثَلُ نُورِهِ كَمِشْكَـــوةٍ فِيهَا مِصْبَاحٌ الْـــمِصْبَاحُ فِـــى
زُجَاجَةٍ الزُّجَاجَةُ كَأَنَّهَا كَوْكَبٌ دُرِّىٌّ يُوقَدُ مِنْ شَجَرَةٍ مُبَـــرَكَةٍ زَيْتُونَةٍ لَّا شَرْقِيَّةٍ وَلَا غَرْبِيَّةٍ
يَكَادُ زَيْتُهَا يُضِـــىءُ وَلَوْ لَمْ تَمْسَسْهُ نَارٌ نُّورٌ عَلَى نُورٍ يَهْدِى اللَّهُ لِنُورِهِ مَن يَشَآءُ وَيَضْرِبُ
اللَّهُ الْأَمْثَـــلَ لِلنَّاسِ وَاللَّهُ بِكُلِّ شَـــىْءٍ عَلِيمٌ (35)} (النُّور 24: 35)

The heavens................السَّمَـــوَٰتِ	Light (of) / His Light ....نُورُ\ نُورِهِ
(The) parabe, example .... مَثَلُ	And the earth .... وَالْأَرْضِ
In it, within it........ فِيهَا (فِى + ـــهَا)	As a Niche .... كَمِشْكَـــوةٍ
Glass / the glass.... زُجَاجَةٍ \ الزُّجَاجَةُ	A lamp / the lamp.... مِصْبَاحٌ \ الْـــمِصْبَاحُ
A star .... كَوْكَبٌ	As if it were .... كَأَنَّهَا
Lit from .... يُوقَدُ مِنْ	Brilliant .... دُرِّىٌّ
Blessed ....مُبَـــرَكَةٍ	A tree .... شَجَرَةٍ
Neither ... nor .... لَّا ... وَلَا	An olive (tree) .... زَيْتُونَةٍ
Well-nigh, is about to .... يَكَادُ	Of the East, Easterner .... شَرْقِيَّةٍ
Becomes luminous .... يُضِـــىءُ	Whose oil, its oil .... زَيْتُهَا
Touched it .... تَمْسَسْهُ	Even though, though scarcely ..... وَلَوْ لَمْ
Light .... نُّورٌ ، نُورٍ	Fire .... نَارٌ
Does guide, (he) guides .... يَهْدِى	Upon, on .... عَلَى
Whom He will .... مَن يَشَآءُ	To His Light ....لِنُورِهِ (لِـ + نُورِ + هِ)
The parables, examples ....الْأَمْثَـــلَ	He (Allah) does set, He gives .... وَيَضْرِبُ
All things, everthing ...... بِكُلِّ شَـــىْءٍ	For human beings, for men .... لِلنَّاسِ
	Is Knowledgeable, has knowledge .... عَلِيمٌ

- اقْرَأُوا الآيَةَ القُرْآنِيَّةَ السَّابِقَةَ قِرَاءَةً جَهْرِيَّةً (عِدَّةَ مَرَّاتٍ) فِي الفصْلِ تَحْتَ إِشْرَافِ الـمُدَرِّسِ أَو الـمُدَرِّسَةِ :
- Read the above *Qur'anic 'Ayah* aloud (several times) in class under the supervision of the teacher:
- اِسْتَعِينُوا بِمَعَانِي مُفْرَدَاتِ الآيَـةِ أَعْلاَهُ لِتَرْجَمَةِ الآيَـةِ إِلَى اللُّغَةِ الإِنْجلِيزِيَّةِ (جُهْدٌ جَمَاعِيٌّ) :
- Using the meanings of the vocabulary given above, try to translate the *'Ayah* into English (collective effort):
- عَيِّنُوا الأَسْمَاءَ وَالصِّفَاتِ الـمُذَكَّرَةَ وَالـمُؤَنَّثَةَ فِي الآيَةِ بِكِتَابَتِهَا فِي مَكَانِهَا الـمُنَاسِبِ مِنَ الجَدْوَلِ التَّالِي :
- Identify the **masculine** and **feminine nouns** or **adjectives** by writing them where they belong in the following table:

مُؤَنَّثٌ	مُذَكَّرٌ

الدَّرْسُ السَّادِسُ

• التَّدْرِيبُ الأَوَّلُ : اقرؤوا الـجُمَلَ التَّالِيَةَ ثُمَّ اذْكُرُوا **عَدَدَ** الكَلِمَاتِ الـتِّي تَحْتَـهَا خَـطٌّ (**مُفْرَدٌ \ مُثَـنَّى \ جَمْعٌ**) بِكِتَابَتِهَا عَلَى السَّطْرِ الـمُظَلَّلِ تَحْتَهَا ، ثُمَّ اكْتُبُـوا صُـورَةَ العَدَدَيْنِ الآخَرَيْنِ كَمَا فِي الـمِثَالِ:

• Read the following sentences, then identify the **number** of the underlined words by writing the appropriate Arabic terminology on the shaded line, then write down the other two forms of its numbers, as in the given example:

لِي ثَلاثَةُ إِخْوَةٍ وَأُخْتَانِ .
جَمْعٌ ↔ أَخٌ \ أَخَوَانِ ، **مُثَـنَّى** ↔ **أُخْتٌ** \ أَخَوَاتٌ

1- لِي عَمَّتَانِ تَعِيشَانِ فِي مَدِينَةٍ أُخْرَى .

....

2- يَقَعُ بَيْتُنَا فِي ضَاحِيَةٍ مِنْ ضَوَاحِي الـمَدِينَةِ .

....

3- بَيْتُنَا لَهُ شُرْفَتَانِ كَبِيرَتَانِ .

....

4- يَتَكَوَّنُ البَيْتُ مِنْ سَبْعِ غُرَفٍ لِلنَّوْمِ وَثَلاثَةِ حَمَّامَاتٍ .

....

5- عِنْدَهُمَا وَلَدَانِ أَكْبَرُ مِنِّي وَبِنْتٌ فِي مِثْلِ سِنِّي .

....

6- الـحَدِيقَةُ فِيهَا أَزْهَارٌ جَمِيلَةٌ وَأَشْجَارٌ كَثِيرَةٌ .

....

7- هَذِهِ أَخْبَارٌ طَـيِّـبَةٌ حَقّاً !

....

* * *

- <u>التَّدْرِيبُ الثَّانِي</u>: تَدَرَّبُوا كِتَابَةً عَلَى تَعْيِينِ الـــجِهَاتِ بِمُلَاحَظَةِ مَوَاقِعِ الأَشْيَاءِ بِالنِّسْبَةِ إِلَـــى <u>البُوصَلَةِ</u> :

- Practice in writing how to tell directions and locations by observing the location of things in relation to the **<u>compass</u>**:

1- الشَّمْعَةُ .... الكِتَابِ .

2- الفَرَاشَةُ تَطِيرُ إِلَى ....

.... مِنَ الـــحِصَانِ .

3- الـــحِصَانُ .... القِطَّةِ .

4- الثَّوْرُ .... الفِيلِ .

5- يَقَعُ البَيْتُ إِلَى .... مِنَ الرَّسَّامِ .

6- يَجْرِي الحِصَانُ إِلَى .... مِنَ البَيْتِ .

7- الهِلَالُ فَوْقَ .... مِنْ قُبَّةِ المَسْجِدِ .

● التَّدْريبُ الثَّالِثُ: بِالرُّجُوعِ إِلَى **قَائِمَةِ أَفْرَادِ الأُسْرَةِ** فِي الدَّرْسِ الرَّابِعِ **وَقَائِمَةِ الوَظَائِفِ وَالمِهَنِ** فِي الدَّرْسِ السَّادِسِ مِنْ كِتَابِ القِرَاءَةِ ، المَطْلُوبُ أَنْ تَكْتُبُوا تِسْعَ جُمَلٍ مُفِيدَةٍ ، تَصِفُونَ فِي كُلِّ جُمْلَةٍ وَظِيفَةَ أَحَدِ الأَقَارِبِ ، ثُمَّ تَرْجِمُوا الجُمْلَةَ إِلَى الإِنْجِلِيزِيَّةِ كَمَا فِي المِثَالِ:

- Refer to both the list of **family members** in Lesson Four and the list of **professions and trades** of Lesson Six of the Textbook, then write nine full meaningful statements about the professions or trades of ten of your family members, then translate the resultant sentences into English, as in the given example:

أُمِّي اسْمُهَا فَاطِمَةُ وَهِيَ **طَبِيبَةُ أَطْفَال** .
My **mother**'s name is Fatimah and she is a **pediatric.**

-1 ....

1. ....

-2 ....

2. ....

-3 ....

3. ....

-4 ....

4. ....

-5 ....

5. ....

-6 ....

6. ....

-7 ....

7. ....

-8 ....

8. ....

-9 ....

9. ....

● التَّدْرِيبُ الرَّابِعُ : اخْتَارُوا مِنْ عِبَارَاتِ القَائِمَةِ (2) مَا يُنَاسِبُ لِتَكْوِينِ جُمَلٍ مُفِيـــدَةٍ مَـــعَ عِبَارَاتِ القَائِمَةِ (1) ، ثُمَّ اقْرَؤُوا جَهْراً الـــجُمْلَةَ كَامِلَةً مَرَّتَيْنِ :

● Match the words from the list in column (2) with those from the list in column (1) to form full meaningful sentences, then read aloud the whole sentence twice:

(1)	(2)
1. كَتَبَتْ فَاطِمَةُ مَوْضُوعاً إِنْشَائِيّاً ...	وَهُوَ مُؤَلِّفُ هَذَا الكِتَابِ .
2. أُمُّ خَالِدٍ مُدِيرَةٌ ...	يَعْمَلُ مَعَ شَرِكَةِ الطَّيَرَانِ السَّعُودِيَّةِ .
3. خَالَتِي رَسَّامَةٌ مَشْهُورَةٌ ...	لِلأَطْفَالِ فِي هَذِهِ الـــمُسْتَشْفَى .
4. أُسْتَاذُنَا كَاتِبٌ مَشْهُورٌ ...	فِي مَزْرَعَةٍ لَهُمَا تَقَعُ شَرْقَ الـــمَدِينَةِ .
5. عَمِّي خَبَّازٌ فِي هَذَا الـــمَخْبَزِ ...	وَثَلَاثَةِ حَمَّامَاتٍ وَمَطْبَخٍ كَبِيرٍ .
6. إِبْنُ خَالِي طَيَّارٌ ...	الإِسْتِقْبَالِ مَعَ الضُّيُوفِ .
7. إِبْنَةُ عَمَّتِي خَيَّاطَةٌ مَاهِرَةٌ ...	الشَّمَالِ الغَرْبِيِّ مِنَ النَّادِي الرِّيَاضِيِّ .
8. خَالِي جَرَّاحٌ مَشْهُورٌ ...	وَهِيَ الـــتِي تُخَيِّطُ لَنَا مَلَابِسَ العِيدِ .
9. إِبْنَةُ خَالَتِي مُمَرِّضَةٌ ...	100 شَارِعُ صَلَاحِ الدِّينِ .
10. جَدِّي وَجَدَّتِي يَعِيشَانِ ...	وَهُوَ رَئِيسُ قِسْمِ الجِرَاحَةِ فِي الـــمُسْتَشْفَى
11. تَقَعُ الـــمَدْرَسَةُ إِلَى ...	لِهَذِهِ الـــمَدْرَسَةِ الخَاصَّةِ لِلْبَنَاتِ .
12. أَبُو فَاطِمَةَ تَاجِرٌ كَبِيرٌ ...	العَشَاءِ لِـــمُنَاسَبَةٍ خَاصَّةٍ .
13. يَتَكَوَّنُ بَيْتُنَا مِنْ سَبْعِ غُرَفٍ ...	ا تَصِفُ بَيْتَهَا وَعَائِلَتَهَا .
14. عُنْوَانُ بَيْتِ صَدِيقِي هُوَ : ...	وَمِنْهُ نَشْتَرِي الـــخُبْزَ .
15. هَلْ أَبُوكَ فِي غُرْفَةِ ...	وَهُوَ يُتَاجِرُ فِي الـــمَوَادِّ الغِذَائِيَّةِ .
16. أُمُّ مُوسَى تُحَضِّرُ طَعَامَ ...	وَهِيَ الـــتِي رَسَمَتْ هَذِهِ الصُّوَرَ .

QUR'ANIC EXAMPLES \ تَطْبِيقَاتٌ قُرْآنِيَّةٌ

1. {أَلَمْ نَجْعَل لَّهُ عَيْنَيْنِ * وَلِسَانًا وَشَفَتَيْنِ * وَهَدَيْنَـٰـهُ النَّجْدَيْنِ * فَلَا اقْتَحَمَ الْعَقَبَةَ} (البَلَد:8-11)

2. {لِّلَّهِ مُلْكُ السَّمَـٰـوَٰتِ وَالْأَرْضِ يَخْلُقُ مَا يَشَآءُ يَهَبُ لِمَن يَشَآءُ إِنَـٰـثًا وَيَهَبُ لِمَن يَشَآءُ الذُّكُورَ *} (الشُّورَى:49)

أَلَمْ .... Have not ...? Did not ...?	نَجْعَل .... We made
لَّهُ .... For him (man)	عَيْنَيْنِ .... Two eyes, a pair of eyes
وَلِسَانًا .... And a tongue	وَشَفَتَيْنِ .... And two lips, a pair of lips
وَهَدَيْنَـٰـهُ .... And We guided him to	النَّجْدَيْنِ .... The two highways, two paths
فَلَا .... But (he) has not	اقْتَحَمَ .... Haste on, embark boldly
الْعَقَبَةَ .... The steep path	لِلَّهِ .... To Allah (belongs)
مُلْكُ .... The dominion, the ownership	السَّمَـٰـوَٰتِ .... The Heavens
وَالْأَرْضِ .... And the Earth	يَخْلُقُ .... He creates
مَا .... What, that which	يَشَآءُ .... He wills
يَهَبُ .... He grants, He bestows	لِمَن .... To whom
إِنَـٰـثًا = إِنَاث .. Females, female children	الذُّكُورَ .... Males, male children

اقْرَؤُوا الآيَاتِ القُرْآنِيَّةَ التَّالِيَةَ قِرَاءَةً جَهْرِيَّةً (عِدَّةَ مَرَّاتٍ) فِـي الفَصْـلِ تَحْـتَ إِشْـرَافِ الـمُدَرِّسِ أَوِ الـمُدَرِّسَةِ:

- Read the above Qur'anic *'Ayat* aloud (several times) in the class under the supervision of the teacher:

- اسْتَعِينُوا بِمَعَانِي مُفْرَدَاتِ الآيَاتِ أَعْلاهُ لِتَرْجَمَتِهَا إِلَى اللُّغَةِ الإِنْجِلِيزِيَّةِ (جُهْدٌ جَمَاعِيٌّ) :

- Referring to the meanings of the vocabulary listed above, try to translate the *'Ayat* into English (collective effort):

• عَيِّنُوا كُلَّ اسْمٍ مُفْرَدٍ وَمُثَنًّى وَجَمْعٍ بِكِتَابَتِهِ فِي مَكَانِهِ الْـمُنَاسِبِ مِنَ الجَدْوَلِ التَّالِي ، ثُـمَّ حَاوِلُوا أَنْ تَسْتَنْبِطُوا صُورَتَيْ العَدَدِ الأُخْرَى:

• Identify each singular, dual, or plural noun by writing it down where it belongs in the following table, then try to think up the other two numbers of each noun:

جَمْعٌ	مُثَنًّى	مُفْرَدٌ

الدَّرْسُ السَّابِعُ

• الـتَّدْرِيبُ الأَوَّلُ : اقْرَؤُوا الجُمَلَ التَّالِيَةَ قِرَاءَةً جَهْرِيَّةً ، ثُمَّ اذْكُرُوا **نَوْعَ جَمْعِ الكَلِمَاتِ** الـتِي تَحْتَهَا خَطٌّ ، وَاذْكُرُوا مُفْرَدَهَا ، كَمَا فِي الـمِثَالِ:

• Read the following sentences aloud, then identify the **type of plural** for each of the underlined words, using one of the three Arabic terminology below, then mention the singular of each plural, as in the given example:

(جَمْعُ التَّكْسِيرِ ، جَمْعُ الْمُذَكَّرِالسَّالِمِ ، جَمْعُ الـمُؤَنَّثِ السَّالِمِ)

الطَّالِبَاتُ يَكْتُبْنَ مَوْضُوعاً إِنْشَائِيّاً . ⇐ **جَمْعُ الـمُؤَنَّثِ السَّالِمِ** \ الـمُفْرَدُ : **الطَّالِبَةُ** .

1. الصِّيَامُ تَعَاطُفٌ مَعَ الفُقَرَاءِ .
2. يَجْتَمِعُ طُلاَّبُ وَطَالِبَاتُ الصَّفِّ كُلَّ عَامٍ .
3. عِنْدِي أَرْبَعُ عَمَّاتٍ وَثَلاَثُ خَالاَتٍ .
4. الـمُسْلِمُونَ يَعْتَبِرُونَ الصِّيَامَ رِيَاضَةً رُوحِيَّةً .
5. تَطْبُخُ التِّلْمِيذَاتُ وَجْبَةَ إِفْطَارٍ تَكْرِيـماً لِلْمُدَرِّسِينَ وَالـمُدَرِّسَاتِ .
6. تَعْتَبِرُ الـمُسْلِمَاتُ الصِّيَامَ تَعَاطُفاً مَعَ الفُقَرَاءِ وَالـمُحْتَاجِينَ .
7. هَلْ أَنْتَ مِنْ مَعْهَدِ اللُّغَاتِ العَالَـمِيَّةِ ؟
8. لَقَدْ أَعْدَدْنَا تَرْتِيبَاتٍ لِذَلِكَ بَعْدَ غَدٍ الجُمُعَةَ .
9. فِي الحَـدِيقَةِ أَزْهَارٌ جَمِيلَةٌ وَأَشْجَارٌ كَثِيرَةٌ .
10. يَتَكَوَّنُ البَيْتُ مِنْ سَبْعِ غُرَفٍ لِلنَّوْمِ وَثَلاَثَةِ حَمَّامَاتٍ .
11. أَبُوكَ فِي غُرْفَةِ الإِسْتِقْبَالِ مَعَ الضُّيُوفِ .
12. هَذِهِ أَخْبَارٌ طَيِّبَةٌ حَقّاً !
13. نَعِيشُ فِي بَيْتٍ كَبِيرٍ فِي ضَوَاحِي الـمَدِينَةِ .
14. لِي ثَلاَثَةُ إِخْوَةٍ وَأَرْبَعُ أَخَوَاتٍ .
15. عَمِّي طَبِيبُ أَسْنَانٍ وَزَوْجَتُهُ طَبِيبَةُ أَطْفَالٍ .

• التَّدْرِيبُ الثَّانِي : اخْتَارُوا الفِعْلَ الـمُنَاسِبَ مِنْ بَيْنِ الأَفْعَالِ الَّتِي بَيْنَ قَوْسَيْنِ وَاكْتُبُوهُ فِي الفَرَاغِ كَمَا فِي الـمِثَالِ :

• Select the appropriate form of the verb from among those given in parenthesis, then write it down on the dotted space, as in the given example:

الطَّعَامُ وَالشَّرَابُ يُسَاعِدَانِ عَلَى النُّمُوِّ . (يُسَاعِدُ \ يُسَاعِدَانِ)

1. .... الـخُبْزَ وَالـجُبْنَةَ دَائِماً فِي وَجْبَةِ الفُطُورِ . (آكُلُ \ أَشْرَبُ)
2. .... كَثِيراً مِنَ الخُضْرَوَاتِ وَالفَاكِهَةِ فِي بَيْتِنَا . (نَشْرَبُ \ نَأْكُلُ)
3. .... أَنْ آكُلَ السَّمَكَ مَرَّةً فِي الأُسْبُوعِ . (أُحِبُّ \ أَعِيشُ)
4. .... اللَّبَنَ وَعَصِيرَ البُرْتُقَالِ كُلَّ يَوْمٍ . (آكُلُ \ أَشْرَبُ)
5. هَلْ تُحِبُّ أَنْ .... القَهْوَةَ أَمِ الشَّايَ ؟ (تَأْكُلَ \ تَشْرَبَ)
6. هَلْ تُحِبِّينَ أَنْ .... لَحْمَ الخَرُوفِ أَمْ لَحْمَ البَقَرِ ؟ (تَشْرَبِي \ تَأْكُلِي)
7. أُمِّي .... أَنْ تَطْبُخَ الطَّعَامَ بِزَيْتِ الزَّيْتُونِ . (أُحِبُّ \ تُحِبُّ)
8. أَنَا .... البُرْتُقَالَ وَأُخْتِي .... التُّفَّاحَ . (تُحِبُّ \ أُحِبُّ \ أَشْرَبُ)
9. هُمَا .... أَنْ يَأْكُلَا بَيْضاً مَعَ البَطَاطَا . (يُرِيدُ \ يُرِيدَانِ)
10. خَالِدٌ وَأُخْتُهُ .... الإِجَّاصَ . (يُحِبَّانِ \ يُحِبُّ \ تُحِبُّ)
11. الـمُسْلِمُونَ .... الصِّيَامَ رِيَاضَةً رُوحِيَّةً . (يَعْتَبِرُ \ يَعْتَبِرُونَ)
12. أُحِبُّ أَنْ .... الشَّايَ بَعْدَ وَجْبَةِ العَشَاءِ . (آكُلَ \ أَشْرَبَ)
13. الطَّعَامُ وَالشَّرَابُ .... الصِّحَةَ . (يُفِيدُ \ يُفِيدَانِ \ يُفِيدُونَ)
14. .... عِنْدَمَا نَجُوعُ . (نَشْرَبُ \ نَأْكُلُ \ أَشْرَبُ)
15. .... عِنْدَمَا أَعْطَشُ . (أَشْرَبُ \ آكُلُ \ نَأْكُلُ)
16. أَنَا وَأُسْرَتِي .... وَجْبَةً خَفِيفَةً عِنْدَ السَّحُورِ . (أَشْرَبُ \ نَأْكُلُ)
17. جَدِّي وَجَدَّتِي .... فِي مَزْرَعَةٍ خَارِجَ الـمَدِينَةِ . (يَعِيشُ \ يَعِيشَانِ)

✿ ✿ ✿

• التَّدْرِيبُ الثَّالِثُ :(مُرَاجَعَةٌ لِـمَصَادِرِ الكَلِمَاتِ) اقْرَؤُوا كَلِمَاتِ الـمَجْمُوعَاتِ التَّالِيَـةِ وَحَاوِلُوا أَنْ تَتَذَكَّرُوا مَعْنَى كُلِّ كَلِمَةٍ ، ثُمَّ لاَحِظُوا حُرُوفَ الـمَصْدَرِ بَيْنَ القَوْسَيْنِ :

• (**Review of the Root System of Related Words**) Read the words of each group, trying in the process to remember the meaning of each word. Then, notice the three-letters consonants, called the "**Root**", which are shared among these words:

1. طَالِبٌ \ طُلاَّبٌ \ طَالِبَاتٌ ⇐ (ط ، ل ، ب)
2. سَلاَمٌ \ مُسْلِمُونَ \ مُسْلِمَاتٌ \ الإِسْلاَمُ ⇐ (س ، ل ، م)
3. مَدْرَسَةٌ \ مُدَرِّسِينَ \ الدَّرْسُ \ الـمُدَرِّسَاتُ ⇐ (د ، ر ، س)
4. الطَّعَامُ \ مَطْعَمٌ \ أَطْعَمْنَا ⇐ (ط ، ع ، م)
5. تَعِيشُ \ يَعِيشَانِ \ يَعِيشُ ⇐ (ع ، ي ، ش)
6. تَاجِرٌ \ يُتَاجِرُ \ تِجَارَةٌ ⇐ (ت ، ج ، ر)
7. مَطْبَخٌ \ يَطْبُخُونَ \ تَطْبُخُ ⇐ (ط ، ب ، خ)
8. حَبِيبِي \ الحَبِيبَةَ \ أُحِبُّ ⇐ (ح ، ب ، ب)
9. مَكْتَبَةٌ \ مَكَاتِبُ \ كُتُبٌ ⇐ (ك ، ت ، ب)
10. تَعْبَانُ \ تَعَبِ \ تَعْبَانَةٌ ⇐ (ت ، ع ، ب)
11. تَشَرَّفْتُ \ الشَّرَفُ \ شَرِيفٌ ⇐ (ش ، ر ، ف)
12. سَنَذْهَبُ \ ذَاهِبٌ \ ذَهَبَ ⇐ (ذ ، هـ ، ب)
13. الصِّيَامُ \ يَصُومُونَ \ يَصُومُ ⇐ (ص ، و ، م)
14. مُعَلِّمٌ \ مُعَلِّمَاتٌ \ تَعَلَّمَ ⇐ (ع ، ل ، م)
15. إِخْوَةٌ \ أَخَوَاتٌ \ أَخِي ⇐ (أ ، خ ، و)
16. جَمَاعَةٌ \ الـجُمُعَةُ \ جَمِيعُ ⇐ (ج ، م ، ع)
17. مَلْعَبٌ \ لاَعِبٌ \ يَلْعَبُونَ ⇐ (ل ، ع ، ب)
18. طَيِّبٌ \ أَطْيَبَ \ طَيِّبَةٌ ⇐ (ط ، ي ، ب)

• التَّدْرِيبُ الرَّابِعُ : أُدْرُسُوا **قَائِمَةَ الطَّعَامِ وَالشَّرَابِ** (صَفْحَة 84 مِنْ كِتَابِ القِرَاءَةِ) فِي البَيْـــتِ إِسْتِعْدَاداً لِتَرْجَمَةِ الجُمَلِ التَّالِيَةِ فِي الفَصْلِ (شَفَوِيّاً أَوْ كِتَابَةً) :

• Study the list of **"Some Types of Foods and Drinks"** (page 84 of the Textbook) in preparation to translate the following sentences in class (orally or written):

1- الكُمَّثْرَى (الإِجَّاص) وَالتُّفَاح مِنْ فَوَاكِهِ الصَّيْفِ .

2- زَيْتُ الزَّيْتُون مُفِيدٌ لِلصِّحَّةِ .

3- أَنَا أُحِبُّ القَهْوَةَ العَرَبِيَّةَ وَأُخْتِي تُحِبُّ الشَّايَ مَعَ الحَلِيبِ .

4- نَشْرَبُ الـــمَاءَ عِنْدَمَا نَعْطَشُ .

5- أُمِّي تُحِبُّ السَّمَكَ وَأَبِي يُحِبُّ لَحْمَ الدَّجَاج .

6- أُحِبُّ أَنْ آكُلَ البَيْضَ وَالخُبْزَ مَعَ الزُّبْدَةِ فِي الفُطُورِ .

7- هَلْ تَعْلَمُونَ أَنَّ الفَوَاكِهَ وَالخُضَارَ مُفِيدَةٌ لِلصِّحَّةِ ؟

✿ ✿ ✿

التَّدْرِيبُ الخَامِسُ : اِسْتَعْمِلُوا كُلَّ كَلِمَةٍ مِنَ الكَلِمَاتِ دَاخِلَ الشَّكْلِ فِي جُمْلَةٍ مُفِيدَةٍ ، ثُـــمَّ اكْتُبُوهَا عَلَى السَّطْرِ الـــمُنَقَّطِ :

• Use each of the words in the box below in a full meaningful sentence of your own, then write it down on the dotted line :

الـــمُسْلِمُونَ \ الـــمُدَرِّسِينَ \ الفُقَرَاء \ الصِّيَامُ \ الـــمُدَرِّسَات

.1 ....

.2 ....

.3 ....

.4 ....

.5 ....

QUR'ANIC EXAMPLES \ تَطْبِيقَاتٌ قُرْآنِيَّةٌ

1– { ءَامَنَ الرَّسُولُ بِمَآ أُنْزِلَ إِلَيْهِ مِن رَّبِّهِ وَالْـمُؤْمِنُونَ كُلٌّ ءَامَنَ بِاللَّهِ وَمَلَائِكَتِهِ وَكُتُبِهِ وَرُسُلِهِ ... } (سُورَةُ البَقَرَةِ : 285)

2– { لِيُدْخِلَ الْـمُؤْمِنِينَ وَالْـمُؤْمِنَـٰتِ جَنَّـٰتٍ تَجْرِى مِنْ تَحْتِهَا الْأَنْهَـٰرُ... } (سُورَةُ الفَتْحِ : 5)

Believed .... ءَامَنَ = آمَنَ

In what .... بِمَآ

To him .... إِلَيْهِ

His Lord .... رَبِّهِ

Each one (of them) .... كُلٌّ

And His Angels .... وَمَلَائِكَتِهِ

And His Messengers .... وَرُسُلِهِ

The believers (Mas./ Acc.) .... الْـمُؤْمِنِينَ

Gardens .... جَنَّـٰتٍ = جَنَّاتٍ

Beneath which .... مِنْ تَحْتِهَا

The Messenger .... الرَّسُولُ

Has been revealed .... أُنْزِلَ

From .... مِن

And the believers(Mas.) .... وَالْـمُؤْمِنُونَ

In Allah = in God .... بِاللَّهِ

And His Books .... وَكُتُبِهِ

*** That He may admit .... لِيُدْخِلَ

The believers (Fem.) ...... وَالْـمُؤْمِنَـٰتِ

Flow .... تَجْرِى = تَجْرِي

The rivers .... الْأَنْهَـٰرُ = الْأَنْهَارُ

- اقْرَؤُوا الآيَاتِ القُرْآنِيَّةَ السَّابِقَةَ قِرَاءَةً جَهْرِيَّةً فِي الفَصْلِ تَحْتَ إِشْرَافِ الْـمُدَرِّسِ:
- Read the above Qur'anic *Ayat* aloud in class under the supervision of the teacher:
- اسْتَعِينُوا بِمَعَانِي مُفْرَدَاتِ الآيَاتِ أَعْلَاهُ لِتَرْجَمَةِ الآيَاتِ إِلَى الإِنْجِلِيزِيَّةِ (جُهْدٌ جَمَاعِيٌّ):
- Translate the *Ayat* into English (Collective effort):
- عَيِّنُوا كُلَّ جَمْعٍ فِي الآيَاتِ بِكِتَابَتِهِ فِي مَكَانِهِ الْـمُنَاسِبِ مِنَ الجَدْوَلِ التَّالِي:
- Identify each **plural noun** and write it down where it belongs in the following table:

جَمْعُ تَكْسِير	جَمْعُ مُؤَنَّثٍ سَالِمٍ	جَمْعُ مُذَكَّرٍ سَالِمٍ

الدَّرْسُ الثَّامِنُ

• التَّدْرِيبُ الأَوَّلُ : اقْرَؤُوا الـجُمَلَ التَّالِيَةَ قِرَاءَةً جَهْرِيَّةً ، ثُمَّ اذْكُرُوا **نَوْعَ كُلِّ جُمْلَةٍ** بِكِتَابَةِ عِبَارَةِ **"جُمْلَةٌ إِسْمِيَّةٌ"** أَوْ **"جُمْلَةٌ فِعْلِيَّةٌ"** عَلَى الـخَطِّ الـمُنَقَّطِ بَعْدَ الـجُمْلَةِ :

• Read the following sentences aloud, then identify what **type of sentence** it is by writing on the dotted space one of the applicable Arabic phrases highlighted above:

1. تَعَالَ الفُطُورُ جَاهِزٌ . (...)
2. هَذَا طَعَامٌ كَثِيرٌ وَطَيِّبٌ . (...)
3. الحَمْدُ لِلَّهِ الَّذِي أَطْعَمَنَا وَسَقَانَا . (...)
4. يَحْتَاجُ الإِنْسَانُ إِلَى الـمَاءِ عِنْدَمَا يَعْطَشُ . (...)
5. أُرِيدُ أَنْ أَشْرَبَ اللَّبَنَ . (...)
6. الـمُسْلِمُونَ يَعْتَبِرُونَ الصِّيَامَ رِيَاضَةً رُوحِيَّةً . (...)
7. أَسْمَعُ أَذَانَ الـمَغْرِبِ . (...)
8. الطَّعَامُ وَالشَّرَابُ مِنْ أَعْظَمِ نِعَمِ اللَّهِ . (...)
9. نَحْنُ أُسْرَةٌ كَبِيرَةٌ وَسَعِيدَةٌ . (...)
10. يَقَعُ بَيْتُنَا فِي ضَاحِيَةٍ شَرْقَ الـمَدِينَةِ . (...)

❁ ❁ ❁

التَّدْرِيبُ الثَّانِي : امْلَأُوا الفَرَاغَاتِ فِي الجُمَلِ التَّالِيَةِ بِكِتَابَةِ **الصُّورَةِ الصَّحِيحَةِ مِنَ الأَفْعَـالِ** الـمَوْجُودَةِ بَيْنَ قَوْسَيْنِ :

• Fill in the blanks of the following sentences by writing in the **appropriate form of the verbs** given in parenthesis at the end of the sentence:

1. لاَ تَنْسَوْا أَنْ .... بَعْدَ الأَكْلِ:{الحَمْدُ لِلَّهِ} . (تَقُولُ \ تَقُولُوا \ تَقُولُونَ)
2. أَنَا أُرِيدُ أَنْ .... بَيْضَةً . (آكُلُ \ آكُلَ \ يَأْكُلُ)
3. مَاذَا تُرِيدُ أَنْ .... يَا شَاكِرُ ؟ (تَشْرَبُ \ تَشْرَبَ \ أَشْرَبُ)
4. هَلْ تُرِيدِينَ أَنْ .... مُدِيرَةَ الـمَدْرَسَةِ ؟ (تُقَابِلِينَ \ تُقَابِلَ \ تُقَابِلِي)
5. أُمِّي تُرِيدُ أَنْ .... عَصِيرَ البُرْتُقَالِ . (تَشْرَبَ \ تَشْرَبُ \ يَشْرَبُونَ)

• <u>التَّدْرِيبُ الثَّالِثُ</u> : اُدْرُسُوا **قَائِمَةَ الـخُضَارِ وَالفَوَاكِهِ** (صَفْحَة 95–96 مِنْ كِتَابِ القِرَاءَةِ) فِي البَيْتِ إِسْتِعْدَاداً لِتَرْجَمَةِ الجُمَلِ التَّالِيَةِ فِي الفَصْلِ (شَفَوِيّاً أَوْ كِتَابَةً) :

• Study the list of "**Some Vegetables and Fruits**" (pages 95-96 of the Textbook) in preparation to translate the following sentences in class (orally or written):

6. أَكَلْتُ حَبَّةَ تِينٍ وحَبَّةَ مَانْجا فِي الصَّبَاحِ .
7. البَرْقُوقُ وَالتُّوتُ مِنْ فَاكِهَةِ الشِّتَاءِ .
8. عَصِيرُ الجَزَرِ وَعَصِيرُ التُّفَاحِ مُفِيدَانِ لِلصِّحَّةِ .
9. هَذِهِ سَلَطَةٌ مِنَ البَنْدُورَةِ وَالخِيَارِ وَالخَسِّ وَالبَصَلِ وَاللـيْمُونِ .
10. أَنَا أُحِبُّ الفَاصُولِيَا وَأُخْتِي تُحِبُّ البَامِيَا .
11. هَلْ تُحِبُّونَ عَصِيرَ البُرْتُقَالِ أَمْ عَصِيرَ الفَرَاوِلَةِ ؟
12. أُمِّي تُحِبُّ البَطَاطَا الـمَشْوِيَّةَ وَأَبِي يُحِبُّ البَاذِنْجَانَ الـمَشْوِيَّ .

✿ ✿ ✿

<u>التَّدْرِيبُ الرَّابِعُ</u> : (**مُرَاجَعَةٌ لِتَرَاكِيبِ التَّعَجُّبِ**) حَوِّلُوا الجُمَلَ التَّالِيَةَ إِلَى تَرَاكِيبَ تَعَجُّبِيَّةٍ كَمَا فِي الـمِثَالِ (شَفَوِيّاً ثُمَّ كِتَابَةً) :

• (**Review of the exclamatory structures**) Transform the following affirmative statements into **exclamatory structures**, as in the given example (orally then in writing):

فَاكِهَةُ الصَّيْفِ شَهِيَّةٌ . ⇐ مَا أَشْهَى فَاكِهَةَ الصَّيْفِ !

1. عِبْرَةُ الصِّيَامِ عَظِيمَةٌ . ⇐ ....!
2. هَذَا البَيْتُ جَمِيلٌ . ⇐ ....!
3. هَذِهِ الـمَدْرَسَةُ كَبِيرَةٌ . ⇐ ....!
4. هَذَا الطَّعَامُ طَيِّبٌ . ⇐ ....!
5. الدَّرْسُ الثَّامِنُ طَوِيلٌ . ⇐ ....!
6. هَذِهِ الطَّبَّاخَةُ مَاهِرَةٌ . ⇐ ....!
7. مَلْعَبُ الـمَدْرَسَةِ صَغِيرٌ . ⇐ ....!

❁ ❁ ❁

QUR'ANIC EXAMPLES \ تَطْبِيقَاتٌ قُرْآنِيَّةٌ

1. { ذَلِكَ الكِتَـبُ لاَ رَيْبَ فِيهِ هُدىً لِلْمُتَّقِينَ } (البَقَرَة : 2)

2. { الرَّحْمَـنُ* عَلَّمَ القُرْآنَ * خَلَقَ الإِنْسَـنَ * عَلَّمَهُ البَيَانَ *} (الرَّحْمَـنُ :1-4)

3. { قُلْ هُوَ اللَّهُ أَحَدٌ * اللَّهُ الصَّمَدُ *} (الإِخْلاَص : 1-2)

4. { سَبِّحِ اسْمَ رَبِّكَ الأَعْلَى * } (الأَعْلَى : 1)

That, this .... ذَلِكَ	The Book .... الكِتَـبُ = الكِتَابُ
Without doubt .... لاَ رَيْبَ	In it .... فِيهِ (فِي + ـهِ)
Guidance .... هُدىً	For those who fear God .... لِلْمُتَّقِينَ
The Most Gracious=God ....الرَّحْمَـنُ	He taught .... عَلَّمَ
The Qur'an .... القُرْآنَ	He Who created .... خَلَقَ
Man (in general) .... الإِنْسَـنَ	He has tauht him .... عَلَّمَهُ
Intelligent speech .... البَيَانَ	Say (command verb) .... قُلْ
The One .... أَحَدٌ	The Eternal, The Absolute .... الصَّمَدُ
Glorify (command verb) .... سَبِّح	The name (of) .... اسْمَ
Your Lord .... رَبِّكَ	The Most High .... الأَعْلَى

- اقْرَؤُوا الآيَاتِ القُرْآنِيَّةَ السَّابِقَةَ قِرَاءَةً جَهْرِيَّةً فِي الفَصْلِ تَحْتَ إِشْرَافِ الـمُدَرِّسِ:
- Read the above Qur'anic *Ayat* aloud in class under the supervision of the teacher:
- اِسْتَعِينُوا بِمَعَانِي مُفْرَدَاتِ الآيَاتِ أَعْلاَهُ لِتَرْجَمَةِ الآيَاتِ إِلَى الإِنْجِلِيزِيَّةِ (جُهْدٌ جَمَاعِيٌّ):
- Translate the *Ayat* into English (Collective effort):
- عَيِّنُوا نَوْعَ كُلِّ جُمْلَةٍ بِكِتَابَتِهَا فِي مَكَانِهَا الـمُنَاسِبِ مِنَ الجَدْوَلِ التَّالِي:
- Identify the type of each sentence by writing it down where it belongs in the following table:

جُمْلَةٌ فِعْلِيَّةٌ	جُمْلَةٌ إِسْمِيَّةٌ

الدَّرْسُ التَّاسِعُ

• التَّدْرِيبُ الأَوَّلُ : اقْرَؤُوا الجُمَلَ التَّالِيَةَ قِرَاءَةً جَهْرِيَّةً ، ثُمَّ عَيِّنُوا المُبْتَدَأَ وَالخَبَرَ بِوَضْعِ خَطٍّ واحِدٍ تَحْتَ المُبْتَدَأَ وَخَطَّيْنِ تَحْتَ الخَبَرِ ، كَمَا فِي المِثَالِ :

• Read the following sentences aloud, then designate the **subject** of the **Equational sentence** by underlining it once and its **predicate** by underlining it twice as in the example:

هَذَا مَطْعَمٌ عَرَبِيٌّ .

1- العَشَاءُ جَاهِزٌ .   2- الصَّحْنُ كَبِيرٌ .

3- طَبَقُ اليَوْمِ هُوَ الكَبَابُ .   4- الدَّجَاجُ اليَوْمِيُّ طَيِّبٌ .

5- هَذَا الفِنْجَانُ كَبِيرٌ .   6- هَذِهِ قَائِمَةُ الطَّعَامِ .

7- مُعَلِّمَةُ اللُّغَةِ العَرَبِيَّةِ جَدِيدَةٌ .   8- سُعَادُ طَبَّاخَةٌ مَاهِرَةٌ .

9- الطَّعَامُ ضَرُورِيٌّ لِلْإِنْسَانِ .   10- نَحْنُ أُسْرَةٌ سَعِيدَةٌ .

✳ ✳ ✳

• التَّدْرِيبُ الثَّانِي : اُكْتُبُوا التَّصْرِيفَ المُنَاسِبَ لِلْفِعْلِ "يُرِيدُ" فِي الفَرَاغِ المُنَقَّطِ لِيُنَاسِبَ الفَاعِلَ المُشَارَ إِلَيْهِ بِالضَّمِيرِ قَبْلَهُ ، كَمَا فِي المِثَالِ :

• Write the **appropriate conjugation** of the verb "يُرِيدُ" on the dotted space to correspond to the subject indicated by the pronoun at the beginning of the sentence:

هُوَ \ يُرِيدُ أَنْ يَأْكُلَ الدَّجَاجَ المَشْوِيَّ .

1. هِيَ \ تـ............ أَنْ تَشْرَبَ كُوكَا كُولاً .

2. أَنْتَ \ هَلْ تـ............ أَنْ تَشْرَبَ عَصِيرَ البُرْتُقَالِ ؟

3. أَنْتِ \ هَلْ بِيـ............ أَنْ تَأْكُلِي حَلْوَى بَعْدَ الأَكْلِ ؟

4. أَنَا \ أ............ طَبَقاً مِنَ الكُفْتَةِ .

5. هُمَا \ يـ......ان أَنْ يَأْكُلَا الكُنَافَةَ . (Masculine).

6. هُمَا \ تـ......ان أَنْ تَلْعَبَا فِي الحَدِيقَةِ . (Feminine).

7. أَنْتُمَا \ هَلْ تـ......ان أَنْ تَأْكُلَا فِي مَطْعَمٍ عَرَبِيٍّ ؟ (Masculine).

٨. أَنْتُمَا \ هَلْ بـ......اِنِ أَنْ تَشْرَبَا عَصِيرَ الـمَانْجَا ؟ (Feminine)

٩. هُمْ \ بـ......ونَ أَنْ يَأْكُلُوا لَحْمَ خَرُوفٍ مَشْوِيٍّ .

١٠. هُنَّ \ بـ......نَّ أَنْ يَأْكُلْنَ شُورَبَةَ العَدَسِ .

١١. أَنْتُمْ \ هَلْ بـ......ونَ قَائِمَةَ الطَّعَامِ ؟

١٢. أَنْتُنَّ \ هَلْ بـ......نَ أَنْ تَأْكُلْنَ الكَبَابَ مَعَ الرُّزِّ ؟

١٣. نَحْنُ \ بـ...... أَنْ نَأْكُلَ الحَلْوَى بَعْدَ الأَكْلِ .

❋ ❋ ❋

التَّدْرِيبُ الثَّالِثُ : حَوِّلُوا الإِسْمَ الـمُفْرَدَ الـمَنْصُوبَ الَّذِي تَحْتَهُ خَطٌّ إِلَى الـمُثَنَّى الـمَنْصُوبِ ، كَمَا فِي الـمِثَالِ :

- Transform the underlined singular accusative noun to the **dual accusative** noun, as in the given example:

أَعْطِنَا قِطْعَةً مِنَ البَقْلَاوَةِ . ⇐ أَعْطِنَا قِطْعَتَيْنِ مِنَ البَقْلَاوَةِ .

١. أُرِيدُ طَبَقاً مِنَ الكُفْتَةِ . ⇐ ....

٢. أَقْرَأُ كِتَاباً جَدِيداً كُلَّ أُسْبُوعٍ . ⇐ ....

٣. نُرِيدُ صَحْناً مِنْ شُورَبَةِ العَدَسِ . ⇐ ....

٤. يَحْكِي لَنَا الـمُعَلِّمُ حِكَايَةً جَمِيلَةً . ⇐ ....

٥. آكُلُ وَجْبَةً رَئِيسِيَّةً فِي اليَوْمِ . ⇐ ....

٦. كَتَبْتُ مَوْضُوعاً إِنْشَائِيّاً . ⇐ ....

٧. صَمَّمَ الـمُهَنْدِسُ بَيْتاً جَدِيداً . ⇐ ....

٨. اِشْتَرَى أَبِي سَيَّارَةً جَدِيدَةً . ⇐ ....

٩. اِسْتَقْبَلْنَا ضَيْفاً مِنْ أَرْضِ الوَطَنِ . ⇐ ....

١٠. قَابَلْتُ الصَّدِيقَ فِي الـحَدِيقَةِ . ⇐ ....

١١. نَظَّفَتْ سُعَادُ الغُرْفَةَ . ⇐ ....

12. وَضَعْتُ الإِبْريقَ فِي الـــمَطْبَخِ . ⇐ ....

13. شَرِبَ أَحْمَدُ كَأْساً مِنَ الـــمَاءِ . ⇐ ....

❁ ❁ ❁

• التَّدْرِيبُ الرَّابِعُ : رَاجِعُوا قَائِمَةَ "**أَدَواتُ الـــمَطْبَخِ وَالطَّعَامِ**" (صَفْحَةُ 106–107 مِنْ كِتَابِ القِرَاءَةِ) إِسْتِعْدَاداً لِتَرْجَمَةِ الـــجُمَلِ التَّالِيَةِ فِي الفَصْلِ إِلَى الإِنْجِلِيزِيَّةِ (شَفَوِيّاً ثُمَّ كِتَابَةً) :

• Review and study the list of "**Kitchen and Food-Related Utensils**" (on pages 106-107 of the Textbook) in preparation to translate the following sentences into English (orally first, then in writing) :

1. وَضَعْتُ فَنَاجِينَ القَهْوَةِ عَلَى الصِّينِيَّةِ .

2. أُرِيدُ مِلْعَقَةً وَشَوْكَةً وَكُوباً مِنَ الـــمَاءِ .

3. إِبْرِيقُ الشَّايِ وَإِبْرِيقُ القَهْوَةِ فِي الـــمَطْبَخِ .

4. الـــمَمْلَحَةُ وَالسُّكَّرِيَّةُ وَسَلَّةُ الـــخُبْزِ عَلَى الـــمَائِدَةِ .

5. أَوْعِيَةُ الطَّبْخِ وَأَغْطِيَةُ الطَّنَاجِرِ عَلَى طَاوِلَةِ الـــمَطْبَخِ .

❁ ❁ ❁

التَّدْرِيبُ الخَامِسُ : (**كِتَابَةُ مَوْضُوعٍ إِنْشَائِيٍّ**) رَاجِعُوا مُفْرَدَاتِ الدَّرْسِ السَّابِعِ وَالثَّـــامِنِ وَالتَّاسِعِ إِسْتِعْدَاداً لِكِتَابَةِ مَوْضُوعٍ إِنْشَائِيٍّ عَنِ **الطَّعَامِ وَالشَّرَابِ** فِي حُدُودِ مِائَةِ كَلِمَةٍ . يُمْكِنُ أَنْ يَكُونَ الـــمَوْضُوعُ وَصْفِيّاً أَوْ عَلَى صُورَةِ قِصَّةٍ . وَيُنْصَحُ التَّلَامِيذُ بِكِتَابَةِ مُسَوَّدَةٍ لِلْمَوْضُوعِ أَوْلاً ، ثُمَّ مُرَاجَعَتِهِ وَتَنْقِيحِهِ قَبْلَ كِتَابَتِهِ عَلَى وَرَقَةٍ خَارِجِيَّةٍ وَتَسْلِيمِهِ لِلْمُدَرِّسِ أَوِ الـــمُدَرِّسَةِ لِتَصْحِيحِهِ .

(مُلَاحَظَةٌ مُهِمَّةٌ لِلْمُدَرِّسِ \ لِلْمُدَرِّسَةِ: تُخْتَارُ أَحْسَنُ ثَلَاثَةِ مَوَاضِيعَ وَتُقْرَأُ فِي الفَصْلِ ، وَيُعْطَى صَاحِبُ كُلِّ مَوْضُوعٍ جَائِزَةً رَمْزِيَّةً تَقْدِيرِيَّةً)

(**Writing a Composition**): Review and study all the vocabulary related to food and drinks in lessons 7-9 in preparation to write a creative composition on the **theme of food and drinks**; it can be a descriptive writing or in the form of a story. The composition should be in the range of 100 words. The students are advised to write a rough draft first on an outside sheet of paper; then revise and edit the draft before they copy the final version on a clean and neat sheet of paper and hand it to the teacher for corrections.

(An important note to the teacher: Select the three best compositions, have their writers read them to the class, then give each a symbolic appreciation reward)

QUR'ANIC EXAMPLES \ تَطْبِيقَاتٌ قُرْآنِيَّةٌ

1- { اللَّـهُ نُورُ السَّـمَـوَاتِ وَالأَرْضِ ... } (النُّور 24: 35)

2- { ... وَاللَّـهُ خَبِيرٌ بِمَا تَعْمَلُونَ } (الـمُنَافِقُونَ 63: 11)

3- { ... وَاللَّـهُ خَيْرُ الرَّازِقِينَ } (الجُمُعَةُ 62: 11)

4- { ... وَاللَّـهُ غَفُورٌ رَحِيمٌ } (الـمُمْتَحَنَةُ 60: 7)

❁ ❁ ❁

(Is the) Light (of) .... نُورُ

And the Earth .... وَالأَرْضِ

That which (*demonstrative pronoun*) .... مَا

Best (of) .... خَيْرُ

Oft-Forgiving .... غَفُورٌ

The Heavens, The Skies .... السَّـمَـوَاتِ

Well-Acquainted (with) .... خَبِيرٌ (بِـ)

You (*plural*) do .... تَعْمَلُونَ

The providers .... الرَّازِقِينَ(الرَّازِقُ)

Most Merciful .... رَحِيمٌ

❁ ❁ ❁

• اقْرَؤُوا الآيَاتِ القُرآنِيَّةَ السَّابِقَةَ قِرَاءَةً جَهْرِيَّةً فِي الفَصْلِ تَحْتَ إِشْرَافِ الـمُدَرِّسِ:

• Read the above Qur'anic *Ayat* aloud in class under the supervision of the teacher:

• اِسْتَعِينُوا بِمَعَانِي مُفْرَدَاتِ الآيَاتِ أَعْلَاهُ لِتَرْجَمَةِ الآيَاتِ إِلَى الإِنْجِلِيزِيَّةِ (جُهْدٌ جَمَاعِيٌّ):

• Translate the *Ayat* into English (Collective effort):

• عَيِّنُوا الـمُبْتَدَأَ وَالـخَبَرَ بِكِتَابَتِهِ فِي مَكَانِهِ الـمُنَاسِبِ مِنَ الجَدْوَلِ التَّالِي:

• Identify the **subject** and **predicate** of each **equational sentence** by writing it down where it belongs in the following table:

الـخَبَرُ	الـمُبْتَدَأُ

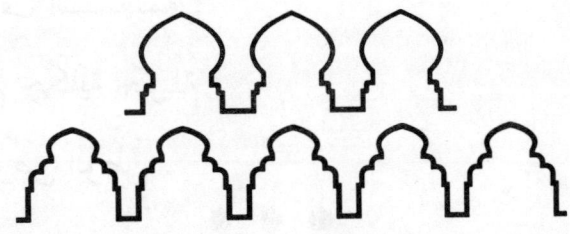

الدَّرْسُ العَاشِرُ

• التَّدْرِيبُ الأَوَّلُ: اقْرَؤُوا الجُمَلَ التَّالِيَةَ قِرَاءَةً صَامِتَةً ، ثُمَّ عَيِّنُوا **الفِعْلَ** بِوَضْعِ خَطٍّ وَاحِدٍ تَحْتَهُ **وَفَاعِلَ الفِعْلِ** بِوَضْعِ خَطَّيْنِ تَحْتَهُ . وَإِذَا كَانَ **فَاعِلُ الفِعْلِ ضَمِيراً مُقَدَّراً**، فَاكْتُبُوا هَذَا الضَّمِيرَ بَيْنَ قَوْسَيْنِ فِي نِهَايَةِ الجُمْلَةِ ، كَمَا فِي المِثَالَيْنِ :

• Read the following sentences silently, then identify the **verb** by underlining it once and the **subject of that verb** by underlining it twice. If the **subject of the verb is implied**, rather than being expressed, then identify its **corresponding pronoun** by writing it in parenthesis at the end of the sentence. Follow the given examples:

1- يُسَاعِدُ المُدَرِّسُونَ تَلَامِيذَهُمْ . 2- اجْلِسِي عَلَى الكُرْسِيِّ . (أَنْتِ)

1. فِي الإِجَازَةِ الأُسْبُوعِيَّةِ ، يَسْتَرِيحُ التَّلَامِيذُ مِنْ تَعَبِ الأُسْبُوعِ .
2. يَذْهَبُ الطُّلَّابُ إِلَى مَدَارِسِهِمْ وَهُنَاكَ يَتَعَلَّمُونَ .
3. أَكَلْتُ فِي مَطْعَمٍ عَرَبِيٍّ .
4. هَلْ تَدْرُسُونَ دُرُوسَكُمْ كُلَّ يَوْمٍ ؟
5. ذَهَبَ التَّلَامِيذُ فِي رِحْلَةٍ إِلَى مُعَسْكَرِ الكَشَّافَةِ .
6. تُحِبُّ أُخْتِي الفَاكِهَةَ وَالخُضْرَوَاتِ .
7. أُكْتُبِي دَرْسَكِ فِي البَيْتِ .
8. سَاعَدَتِ المُدَرِّسَةُ التِّلْمِيذَاتِ .
9. تَسْأَلُ لَيْلَى المُعَلِّمَةَ عَمَّا لَا تَعْلَمُ .
10. أُرِيدُ صَحْناً مُشَكَّلاً مِنَ الكَبَابِ وَالكُفْتَةِ .
11. أَسْمَعُ أَذَانَ المَغْرِبِ .
12. تَقَعُ المَدْرَسَةُ غَرْبَ المَدِينَةِ .
13. اسْمَعُوا وَرَدِّدُوا خَلْفَ المُعَلِّمَةِ .
14. يَحْكِي لَنَا المُعَلِّمُ حِكَايَةً جَمِيلَةً .
15. اسْتَقْبَلْنَا ضَيْفاً مِنْ أَرْضِ الوَطَنِ .

• التَّدْرِيبُ الثَّاني: الكَلِمَاتُ الَّتِي تَحْتَهَا خَطٌّ فِي الـجُمَلِ التَّالِيَةِ **مَرْفُوعَةٌ** لِأَنَّهَا **فَاعِلُ الفِعْلِ الظَّاهِرِ** .
عَيِّنُوا **عَلامَةَ الرَّفْعِ** لِكُلِّ فَاعِلٍ بِاخْتِيَارِ مَا يُنَاسِبُهُ مِنَ العَلامَاتِ الـمَكْتُوبَةِ دَاخِلَ الشَّكْلِ التَّالِي ، ثُـمَّ كِتَابَتِهَا عَلَى السَّطْرِ الـمُنَقَّطِ ، كَمَا فِي الـمِثَالِ:

• The underlined words are in the **nominative mood** because they are the **expressed subjects** of verbs. Indicate the **sign of the nominative** in each by selecting the appropriate Arabic term from among those given in the box, then write it down on the dotted space, as in the given example:

الضَّمَّةُ الظَّاهِرَةُ \ الأَلِفُ \ الوَاو

أَكَلَ الـمُدَرِّسُونَ فِي مَطْعَمٍ عَرَبِيٍّ . (الوَاو \ جَمْعُ مُذَكَّرٍ سَالِمٍ)

1. يَلْعَبُ الصَّدِيقَانِ فِي الحَـدِيقَةِ . (..)
2. تُجِيبُ الـمُدَرِّسَاتُ عَنْ أَسْئِلَةِ التَّلامِيذِ . (..)
3. يُصَلِّي الـمُسْلِمُونَ خَمْسَ مَرَّاتٍ فِي اليَوْمِ . (..)
4. يَذْهَبُ أَحْمَدُ إِلَى النَّادِي كُلَّ يَوْمٍ . (..)
5. تَدْرُسُ فَاطِمَةُ دَرْسَهَا كُلَّ صَبَاحٍ . (..)
6. هَلْ يَسْتَذْكِرُ التَّلامِيذُ دُرُوسَهُمْ كُلَّ يَوْمٍ ؟ (..)
7. يَجْتَهِدُ الطَّالِبَانِ فِي أَدَاءِ الوَاجِبَاتِ . (..)

❁ ❁ ❁

التَّدْرِيبُ الثَّالِثُ: اقْرَؤُوا كُلَّ مَجْمُوعَةٍ مِنَ الكَلِمَاتِ التَّالِيَةِ قِرَاءَةً جَهْرِيَّةً ، وَلاحِظُوا أَنَّ الكَلِمَةَ الأُولَى هِيَ فِعْلٌ مَاضٍ مُصَرَّفٌ مَعَ مُفْرَدِ الـمُذَكَّرِ الغَائِبِ ، وَالكَلِمَةَ الثَّانِيَةُ هِيَ فِعْلٌ مُضَارِعٌ مَرْفُوعٌ مُصَرَّفٌ مَعَ مُفْرَدِ الـمُذَكَّرِ الغَائِبِ ، وَالكَلِمَةَ الثَّالِثَةُ هِيَ **مَصْدَرُ الفِعْلِ** ، **وَمَصْدَرُ الفِعْلِ يَدُلُّ عَلَى حَدَثٍ غَيْرِ مَقْرُونٍ بِزَمَنٍ مُعَيَّنٍ** .

(**مُلاحَظَةٌ هَامَّةٌ لِلْمُدَرِّسِ \ لِلْمُدَرِّسَةِ : الرَّبْطُ بَيْنَ الكَلِمَاتِ بِهَذِهِ الصُّورَةِ يُسَاعِدُ التَّلامِيذَ عَلَى فَـهْمِ قَضِيَّةِ الإِشْتِقَاقِ الصَّرْفِيِّ وَأُصُولِ الكَلِمَاتِ**)

• Read each set of words aloud and notice that **the first** of them is a past tense verb conjugated with the 1st person masculine singular; the **second is a present tense verb conjugated with the 3rd person masculine singular**; the **third is the** verbal noun of these verbs. A **verbal noun being a noun derived from the verb to indicate an action**

or activity not related to a specific time, and it corresponds mostly to a noun ending in (... *ing*) in English.

(Important note to teachers: Practicing this paradigm will help the students develop a natural feeling for the root system of the Arabic language and figuring the three consonantal origin of most Arabic words.)

1. دَرَسَ \ يَدْرُسُ \ دِراسَةٌ .	2. نَظَّمَ \ يُنَظِّمُ \ تَنْظِيمٌ
3. عَمِلَ \ يَعْمَلُ \ عَمَلٌ	4. أَدّى \ يُؤَدّي \ أَداءٌ
5. جَلَسَ \ يَجْلِسُ \ جُلُوسٌ	6. مَارَسَ \ يُمَارِسُ \ مُمَارَسَةٌ
7. قَرَأَ \ يَقْرَأُ \ قِرَاءَةٌ	8. رَسَمَ \ يَرْسُمُ \ رَسْمٌ
9. جَمَعَ \ يَجْمَعُ \ جَمْعٌ	.1. رَاسَلَ \ يُرَاسِلُ \ مُرَاسَلَةٌ
11. سَمِعَ \ يَسْمَعُ \ سَمَاعٌ	12. شَاهَدَ \ يُشَاهِدُ \ مُشَاهَدَةٌ
13. زَارَ \ يَزُورُ \ زِيَارَةٌ	14. سَعِدَ \ يَسْعَدُ \ سَعَادَةٌ
15. نَجَحَ \ يَنْجَحُ \ نَجَاحٌ	16. عَلَّمَ \ يُعَلِّمُ \ تَعْلِيمٌ
17. شَكَرَ \ يَشْكُرُ \ شُكْرٌ	18. أَكَلَ \ يَأْكُلُ \ أَكْلٌ
19. نَشَطَ \ يَنْشَطُ \ نَشَاطٌ	.2. حَمِدَ \ يَحْمَدُ \ حَمْدٌ

✪ ✪ ✪

التَّدْرِيبُ الرَّابِعُ : رَاجِعُوا قَائِمَةَ " **لَوَازِمُ التَّلَامِيذِ وَأَدَوَاتُ الصَّفِّ** " ، صَفْحَة 124-125 مِنْ كِتَابِ القِرَاءَةِ ، إِسْتِعْدَاداً لِتَرْجَمَةِ الـجُمَلِ التَّالِيَةِ إِلَى الإِنْجِلِيزِيَّةِ فِي الفَصْلِ :

- Review and study the list of **"Student's and Classroom Tools"**, pages 124-125 of the Textbook, in preparation to translate into English orally the following sentences in class:

1. يَكْـتُـبُ التَّلامِيذُ عَلَى السَّبُّورَةِ بِالطَّبَاشِيرِ .
2. عَلَى الـمَقْعَدِ مِسْطَرَةٌ حَاسِبَةٌ وَمِمْحَاةٌ وَمِنْقَلَةٌ .
3. يَسْتَعْمِلُ الطُّلاَّبُ أَقْلاَمَ التَّلْوِينِ وَفُرَشَ التَّلْوِينِ لِرَسْمِ خَارِطَةِ أَمْرِيكَا .
4. يَحْمِلُ أَحْمَدُ فِي حَقِيبَةِ كُتُبِهِ فِرْجَاراً وَقَلَمَ حِبْرٍ وَقَلَمَ رَصَاصٍ وَدَفْتَرَ تَدْرِيبَاتٍ .
5. تَسْتَعْمِلُ الـمُدَرِّسَاتُ لَوْحَاتِ الإِيضَاحِ وَالـخَرَائِطَ وَالسَّـبُّورَاتِ لِشَـرْحِ الدُّرُوسِ.

• التَّدْرِيبُ الخَامِسُ : (تَدْرِيبٌ شَفَوِيٌّ مُتَسَلْسِلٌ) يَسْأَلُ الطُّلَابُ بَعْضُـــهُمْ بَعْضـاً عَـنْ هِوَايَاتِــهِمُ الــمُفَضَّلَةِ وَيُجِيبُونَ كَمَا فِي النَّمُوذَجِ . يَخْتَارُ الطُّلَابُ الإِجَابَةَ مِنْ بَيْنِ الهِوَايَاتِ دَاخِلَ الشَّكْلِ :

• (**Oral Chain Drill**) Following the given example, the students ask each others about their **favorite hobbies** and give answers by selecting from the hobbies listed inside the box below:

مَا هِيَ هِوَايَتُكَ (هِوَايَتُكِ) الــمُفَضَّلَةُ ؟ = هِوَايَتِي الــمُفَضَّلَةُ هِيَ قِرَاءَةُ القِصَصِ .

الرَّسْمُ \ قِرَاءَةُ القِصَصِ \ جَمْعُ الطَّوَابِعِ \ الــمُرَاسَلَةُ \ سَمَاعُ الــمُوسِيقَى \
مُشَاهَدَةُ بَرَامِجِ التِّلِفِزْيُونِ \ رُكُوبُ الــخَيْلِ \ السِّبَاحَةُ

❁ ❁ ❁

التَّدْرِيبُ السَّادِسُ : امْلَأُوا الفَرَاغَاتِ فِي الــجَدْوَلِ التَّالِي بِكِتَابَةِ **مُفْرَدٍ** أَوْ **مُثَنَّى** أَوْ **جَمْعِ** الإِسْمِ الــذِي تَرَاهُ دَاخِلَ إِحْدَى أَعْمِدَةِ الــجَدْوَلِ :

• Fill in the spaces of the following table by writing the **singular**, **dual**, or **plural** form of the nouns given under one column:

جَمْعٌ	مُثَنَّى	مُفْرَدٌ
		طَالِبٌ
	كِتَابَانِ	
دُرُوسٌ		
		مُعَلِّمٌ
	يَوْمَانِ	
أَصْدِقَاءُ		
		قِصَّةٌ
	صَاحِبَانِ	
وَاجِبَاتٌ		
		هِوَايَةٌ
	مُسْلِمَانِ	

QUR'ANIC EXAMPLES \ تَطْبِيقَاتٌ قُرْآنِيَّةٌ

1- { إِذَا جَآءَ نَصْرُ اللَّهِ وَالْـفَتْحُ } (النَّصْر: 110: 1)

2- { أَلَمْ تَرَ كَيْفَ فَعَلَ رَبُّكَ بِأَصْحَـبِ الْـفِيلِ } (الْـفِيل: 105: 1)

3- { أَلَمْ نَشْرَحْ لَكَ صَدْرَكَ } (الشَّرْح: 94: 1)

4- {... يُرِيدُ اللَّهُ بِكُمُ الْـيُسْرَ وَلاَ يُرِيدُ بِكُمُ الْـعُسْرَ ...} (الْـبَقَرَة: 2: 185)

۞ ۞ ۞

When .... إِذَا

Will come, came .... جَآءَ

Victory, help .... نَصْرُ

And the victory, the conquest ..... وَالْـفَتْحُ

Have not ? (*negated interrogative*).......... أَلَمْ

You seen, seest thou .... تَرَ

How .... كَيْفَ

Did, dealt (with) .... (بِـ) فَعَلَ

Your Lord, thy Lord .... رَبُّكَ

With the companions (of) ...بِأَصْحَـبِ

The Elephant .... الْـفِيلِ

We expanded .... نَشْرَحْ

To you, for you .... لَكَ

Your breast, thy breast .... صَدْرَكَ

He wants, He desires .... يُرِيدُ

For you .... بِكُمُ

Easiness, facility .... الْـيُسْرَ

And does not ....وَلاَ

Difficulties, hardships .... الْـعُسْرَ

❁ ❁ ❁

- اقْرَؤُوا الآيَاتِ القُرآنِيَّةَ السَّابِقَةَ قِرَاءَةً جَهْرِيَّةً فِي الفَصْلِ تَحْتَ إِشْرَافِ الْـمُدَرِّسِ:
- Read the above Qur'anic *Ayat* aloud in class under the supervision of the teacher:
- اِسْتَعِينُوا بِمَعَانِي مُفْرَدَاتِ الآيَاتِ أَعْلاَهُ لِتَرْجَمَةِ الآيَاتِ إِلَى الإِنْجِلِيزِيَّةِ (جُهْدٌ جَمَاعِيٌّ):
- Translate the *Ayat* into English (Collective effort):
- عَيِّنُوا الْـفِعْلَ وَالْـفَاعِلَ بِكِتَابَتِهِ فِي مَكَانِهِ الْـمُنَاسِبِ مِنَ الجَدْوَلِ التَّالِي:
- Identify the **verb** and the **subject** of each verb by writing it down where it belongs in the following table. Note that the subject might be an **implied pronoun**:

الْـفَاعِلُ	الْـفِعْلُ

الدَّرْسُ الـْحَادِي عَشَرَ

• التَّدْرِيبُ الأَوَّلُ : اقْرَؤُوا الـْجُمَلَ التَّالِيَةَ قِرَاءَةً جَهْرِيَّةً ، ثُمَّ عَيِّنُوا **الفِعْلَ الـْمُتَعَدِّي** بِوَضْعِ خَطٍّ تَحْتَهُ وَعَيِّنُوا **الـْمَفْعُولَ بِهِ لِلْفِعْلِ** بِوَضْعِ خَطَّيْنِ تَحْتَهُ ، كَمَا فِي الـْمِثَالِ:

• Read the following sentences aloud, then specify the **transitive verb** by underlining it once and the **direct object of the verb** by underlining it twice, as in the given example:

أَنَا أَعْرِفُ الإِجَابَةَ يَا أُسْتَاذُ .

1- قَرَأْتُ أَمَلُ الدَّرْسَ .

2- أُرِيدُ طَبَقاً مِنَ الـْكُفْتَةِ .

3- يُحِبُّ أَحْمَدُ دَرْسَ التَّارِيخِ .

4- اشْتَرَى لِي أَبِي دَرَّاجَةً جَدِيدَةً .

5- أَكَلَ أَبِي قِطْعَتَيْنِ مِنَ الـْبَقْلاوَةِ .

6- يُمَارِسُ عَلِيٌّ رِيَاضَتَهُ الـْمُفَضَّلَةَ .

7- فَتَحْتُ الـْبَابَ وَأَغْلَقْتُ الشُّبَّاكَ .

8- الطُّلاَبُ يَسْأَلُونَ الـْمُعَلِّمِينَ عَمَّا لاَ يَعْلَمُونَ .

9- كَتَبَ الطَّالِبُ الإِجَابَةَ فِي كِتَابِ التَّدْرِيبَاتِ .

10- فِي الـْمَدْرَسَةِ يَقْرَأُ الـتَّلاَمِيذُ الـْكُتُبَ وَيَكْتُبُونَ الدُّرُوسَ .

التَّدْرِيبُ الثَّانِي : اِخْتَارُوا مِنْ بَيْنِ الـْكَلِمَاتِ الـْمَوْضُوعَةِ بَيْنَ قَوْسَيْنِ فِي نِهَايَةِ الـْجُمَلِ مَا يُنَاسِبُ لِمَلأِ الـْفَرَاغَاتِ:

• Fill in the blanks of the following sentences with the appropriate word from among those given in parenthesis:

1. هَلْ أَنْتُمْ .... لِهَذَا النَّشَاطِ ؟ (مُسْتَعِدٌّ \ مُسْتَعِدَّةٌ \ مُسْتَعِدُّونَ)

2. .... مُدَرِّسَةُ التَّارِيخِ وَالـْجُغْرَافِيَا غُرْفَةَ الـْفَصْلِ . (دَخَلَ \ دَخَلَتْ \ دَخَلْنَ)

3. أَنَا شَخْصِيّاً أُحِبُّ .... الـْمَوْضُوعَيْنِ . (هَذَا \ هَذَيْنِ \ هَذِهِ)

4. قَارَّاتُ الـْعَالَمِ .... (تِسْعٌ \ خَمْسٌ \ سَبْعٌ)

5. مَا هُوَ .... نَهْرٍ فِي الْعَالَمِ ؟ (طَوِيلٌ \ طَوِيلَةٌ \ أَطْوَلُ)

6. نَهْرُ النِّيلِ أَطْوَلُ .... نَهْرِ الأَمَازُونِ . (فِي \ مِنْ \ بَعْدَ)

7. .... الْكَعْبَةُ قِبْلَةَ الْمُسْلِمِينَ بَعْدَ الْمَسْجِدِ الأَقْصَى . (أَصْبَحَ \ كَانَتْ \ أَصْبَحَتْ)

8. .... نَهْرُ الأَمَازُونِ فِي أَمْرِيكَا الْجَنُوبِيَّةِ . (تَقَعُ \ وَقَعَتْ \ يَقَعُ)

9. أَنْتُمْ لَدَيْكُمْ مَعْلُومَاتٌ هَامَّةٌ .... (كَثِيراً \ كَثِيرَةٌ \ كَثِيرٌ)

10. أَكْثَرُ الْبِلَادِ الْعَرَبِيَّةِ سُكَّاناً هِيَ .... (السُّودَانُ \ مِصْرُ \ الْعِرَاقُ)

❋ ❋ ❋

التَّدْرِيبُ الثَّالِثُ : (تَدْرِيبٌ مُتَسَلْسِلٌ) اخْتَبِرُوا مَعْلُومَاتِكُمُ الْجُغْرَافِيَّةَ بِالسُّؤَالِ عَنْ مَوَاقِعِ الْبُلْدَانِ الْعَرَبِيَّةِ فِي الْقَارَّاتِ وَعَاصِمَةِ كُلٍّ مِنْهَا ، وَالإِجَابَةِ عَنْ ذَلِكَ ، كَمَا فِي الْمِثَالِ :

- (Oral Chain Drill) Test your geographical information by asking each others about the **locations of the Arabic Countries** in relation to the **Continents**, their **Capitals** and by answering the questions, as in the given example:

> أَيْنَ تَقَعُ مِصْرُ ، وَمَا عَاصِمَتُهَا ؟ ← تَقَعُ مِصْرُ فِي قَارَّةِ إِفْرِيقِيَا ، وَعَاصِمَتُهَا الْقَاهِرَةُ .

1. الأُرْدُنُّ   2. فِلَسْطِينُ   3. سُورِيَّا (سُورِيَّةُ)

4. الْكُوَيْتُ   5. الْعِرَاقُ   6. السَّعُودِيَّةُ

8. الْجَزَائِرُ   9. عُمَانُ   10. لُبْنَانُ

11. الْبَحْرَيْنُ   12. السُّودَانُ   13. لِيبِيَا

14. تُونُسُ   15. الْمَغْرِبُ   16. مُورِيتَانِيَا

17. قَطَرُ   18. جُمْهُورِيَّةُ الْيَمَنِ الشَّعْبِيَّةُ

19. جُمْهُورِيَّةُ الْيَمَنِ الْعَرَبِيَّةُ   20. الإِمَارَاتُ الْعَرَبِيَّةُ الْمُتَّحِدَةُ

❋ ❋ ❋

• التَّدْرِيبُ الرَّابِعُ : تَدَرَّبُوا عَلَى أُسْلُوبِ التَّفْضِيلِ ، كَمَا فِي الْمِثَالِ:
• Practice **Comparative / Superlative** structures, following the given example:

> نَهْرُ النِّيلِ .... مِنَ الأَمَازُون . (طَوِيلٌ) ⇐ نَهْرُ النِّيلِ أَطْوَلُ مِنَ الأَمَازُون .

1. قَارَّةُ أَمْرِيكَا الشَّمَالِيَّةِ .... مِنْ قَارَّةِ أُسْتُرَالِيَا . (كَبِيرَةٌ)

2. السُّؤَالُ الأَوَّلُ .... مِنَ السُّؤَالِ الثَّانِي . (سَهْلٌ)

3. مِصْرُ .... الْبِلَادَ الْعَرَبِيَّةِ فِي عَدَدِ السُّكَّانِ . (كَثِيرَةٌ)

4. الْحِصَانُ .... مِنَ الْجَمَلِ . (سَرِيعٌ)

5. الدَّرْسُ الْحَادِيَ عَشَرَ .... مِنَ الدَّرْسِ الْعَاشِرِ . (طَوِيلٌ)

6. لَحْمُ الْخَرُوفِ .... مِنْ لَحْمِ الْبَقَرِ . (طَيِّبٌ)

7. حَدِيقَةُ مَدْرَسَتِنَا .... مِنْ حَدِيقَةِ مَدْرَسَتِكُمْ . (جَمِيلَةٌ)

8. يَكُونُ اللَّيْلُ فِي الصَّيْفِ .... مِنَ اللَّيْلِ فِي الشِّتَاءِ . (قَصِيرٌ)

9. مُحَمَّدٌ .... طَالِبٍ فِي الصَّفِّ . (نَظِيفٌ)

10. اللَّـهُ ﷻ هُوَ .... الرَّاحِمِينَ . (رَحِيمٌ)

❊ ❊ ❊

التَّدْرِيبُ الْخَامِسُ : أَعِيدُوا كِتَابَةَ الْجُمَلِ التَّالِيَةِ بَعْدَ إِدْخَالِ " كَانَ أَوْ إِحْدَى أَخَوَاتِهَا "، وَتَأَكَّدُوا مِنْ نَصْبِ الْخَبَرِ وَإِظْهَارِ عَلَامَةِ النَّصْبِ ، كَمَا فِي الْمِثَالِ :

• Rewrite the following sentences after adding "**KAANA** or one of its Sisters"; make sure to make the **Predicate** appear in the **Accusative Mood** and show the **appropriate sign** for it, as in the given examples:

> الْكَعْبَةُ أَوَّلُ بَيْتٍ وَضَعَهُ اللَّهُ لِلنَّاسِ . ⇐ كَانَتِ الْكَعْبَةُ أَوَّلَ بَيْتٍ وَضَعَهُ اللَّهُ لِلنَّاسِ .
> الطَّالِبَانِ جَدِيدَانِ . ⇐ كَانَ الطَّالِبَانِ جَدِيدَيْنِ .

1. الْبَابُ مَفْتُوحٌ . ⇐ .... (كَانَ)

2. الأَشْجَارُ كَثِيرَةٌ . ⇐ .... (أَصْبَحَتْ)

3. الكَعْبَةُ قِبْلَةُ الْمُسْلِمِينَ . ⇐ .... (مَا زَالَتْ)

4. أَبِي مُهَنْدِسٌ مَشْهُورٌ . ⇐ .... (أَصْبَحَ)

5. الْمُسْلِمُونَ أُمَّةٌ وَاحِدَةٌ . ⇐ .... (كَانَ)

6. الْمُعَلِّمُ فَخُورٌ بِطُلَّابِهِ . ⇐ .... (مَا زَالَ)

7. الطُّلَّابُ مُسْتَعِدُّونَ لِهَذَا النَّشَاطِ . ⇐ ....
.... (أَصْبَحَ)

❋❋❋

التَّدْرِيبُ السَّادِسُ : (كِتَابَةُ مَوْضُوعٍ إِنْشَائِيٍّ) رَاجِعُوا مُفْرَدَاتِ الدَّرْسِ الْعَاشِرِ وَالْحَادِي عَشَرَ إِسْتِعْدَاداً لِكِتَابَةِ مَوْضُوعٍ إِنْشَائِيٍّ عَنِ الْـمَدْرَسَةِ وَالدِّرَاسَةِ فِي حُدُودِ مِائَةِ كَلِمَةٍ . يُمْكِنُ أَنْ يَكُونَ الْمَوْضُوعُ وَصْفِيّاً أَوْ عَلَى صُورَةِ قِصَّةٍ . وَيُنْصَحُ التَّلَامِيذُ بِكِتَابَةِ مُسَوَّدَةٍ لِلْمَوْضُوعِ أَوَّلاً ، ثُمَّ مُرَاجَعَتِهِ وَتَنْقِيحِهِ قَبْلَ كِتَابَتِهِ عَلَى وَرَقَةٍ خَارِجِيَّةٍ وَتَسْلِيمِهِ لِلْمُدَرِّسِ أَوِ الْمُدَرِّسَةِ لِتَصْحِيحِهِ .

(مُلَاحَظَةٌ مُهِمَّةٌ لِلْمُدَرِّسِ \ لِلْمُدَرِّسَةِ: تُخْتَارُ أَحْسَنُ ثَلَاثَةِ مَوَاضِيعَ وَتُقْرَأُ فِي الْفَصْلِ ، وَيُعْطَى صَاحِبُ كُلِّ مَوْضُوعٍ جَائِزَةً رَمْزِيَّةً تَقْدِيرِيَّةً)

- **(Writing a Composition)**: Review and study all the vocabulary related to **School and Study**, Lessons 10-11, in preparation to write a creative composition on the **theme of school, study and learning**; it can be a descriptive writing or in the form of a story. The composition should be in the range of 100 words. The students are advised to write a rough draft first on an outside sheet of paper; then revise and edit the draft before they copy the final version on a clean and neat sheet of paper and hand it to the teacher for corrections.

(An important note to the teacher: Select the three best compositions, have their writers read them to the class, then give each a symbolic appreciation reward)

تَطْبِيقَاتٌ قُرْآنِيَّةٌ \ QUR'ANIC EXAMPLES

1- { ... فَبَعَثَ اللَّـهُ النَّبِيِّـــنَ مُبَشِّرِينَ وَمُنْذِرِينَ ... } (الْبَقَرَةُ \ 2: 213)

2- { ... وَسَيَجْزِى اللَّـهُ الشَّـــٰكِرِينَ ...} (آلِ عِمْرَانَ \ 3: 144)

3- { ... وَجَعَلْنَا الَّيْلَ وَالنَّهَارَ ءَايَتَيْنِ ... } (الإِسْرَاءُ \ 17: 12)

4- { ... وَأَقِيمُواْ الصَّلَـوٰةَ وَءَاتُواْ الزَّكَـوٰةَ وَارْكَعُواْ مَعَ الرَّاكِعِينَ ...} (الْبَقَرَةُ \2: 43)

❀ ❀ ❀

فَبَعَثَ .... Then (He = Allah) sent

النَّبِيِّـــنَ = النَّبِيِّيـــنَ .... The Prophets

مُبَشِّرِينَ .... Bringing glad tidings

وَمُنْذِرِينَ .... And bringing warnings

وَسَيَجْزِى .... And (He) will reward

الشَّـــٰكِرِينَ .... Those who are grateful

وَجَعَلْنَا .... And We have made

الَّيْلَ = اللَّيْلَ .... The night

وَالنَّهَارَ .... And the day

ءَايَتَيْنِ (ءَايَة) .... Two Signs (of Allah)

وَأَقِيمُواْ .... And establish (*you/ plural*)

الصَّلَـوٰةَ .... (The) Prayer (*Salah*)

وَءَاتُواْ .... And give (*you/plural*)

الزَّكَـوٰةَ .... The Poor-Dues (*Zakat*)

وَارْكَعُواْ .... And bow down (your heads)

مَعَ .... With

الرَّاكِعِينَ .... Those who bow down (in worship)

❀ ❀ ❀

• اقْرَأُوا الآيَاتِ القُرآنِيَّةَ السَّابِقَةَ قِرَاءَةً جَهْرِيَّةً فِي الفَصْلِ تَحْتَ إِشْرَافِ الْـمُدَرِّسِ:

• Read the above Qur'anic *Ayat* aloud in class under the supervision of the teacher:

• اسْتَعِينُوا بِمَعَانِي مُفْرَدَاتِ الآيَاتِ أَعْلاَهُ لِتَرْجَمَةِ الآيَاتِ إِلَى الإِنْجِلِيزِيَّةِ (جُهْدٌ جَمَاعِيٌّ):

• Translate the *Ayat* into English (*Collective effort*):

• عَيِّنُوا الْـفِعْلَ وَالْـفَاعِلَ وَالْـمَفْعُولَ بِهِ بِكِتَابَتِهِ فِي مَكَانِهِ الْـمُنَاسِبِ مِنَ الجَدْوَلِ التَّالِي:

Identify the **verb**, the **subject** of each verb and the **direct object** by writing it down where it belongs in the following table. Note that the subject might be an **implied pronoun:**

الْـمَفْعُولُ بِهِ	الْـفَاعِلُ	الْـفِعْلُ

الدَّرْسُ الثَّانِي عَشَرَ

• التَّدْرِيبُ الأَوَّلُ : اقْرَؤُوا الـــجُمَلَ التَّالِيَةَ قِرَاءَةً جَهْرِيَّةً ، ثُمَّ عَيِّنُوا **الفِعْلَ الــمَبْنِيَّ لِلْمَجْهُولِ** بِوَضْــعِ خَطٍّ تَحْتَهُ ، وَعَيِّنُوا **نَائِبَ الفَاعِلِ** بِوَضْعِ خَطَّيْنِ تَحْتَهُ ، كَمَا فِي الــمِثَالِ:

• Read the following sentences aloud, then identify the **passive voice verb** by underlining it once and the **subject agent** by underlining it twice, as in the given example:

تُخَصَّصُ الــمِيزَانِيَّاتُ لِلرِّيَاضَةِ .

1– تُنْشَأُ الــمَلاَعِبُ الرِّيَاضِيَّةُ فِي جَمِيعِ الدُّوَلِ .

2– تُؤَسَّسُ الــفِرَقُ الرِّيَاضِيَّةُ فِي الــمَدَارِسِ .

3– تُقَامُ مُبَارَيَاتٌ رِيَاضِيَّةٌ بَيْنَ الــفِرَقِ الرِّيَاضِيَّةِ .

4– تُنْقَلُ الــمُبَارَيَاتُ بِوَاسِطَةِ التِلِفِزْيُونِ .

5– أُقِيمَ حَفْلُ هَذَا العَامِ فِي الأُسْبُوعِ الــمَاضِي .

6– وُزِّعَتِ الــجَوَائِزُ عَلَى الــفَائِزِينَ .

7– يُعْتَبَرُ الصِّيَامُ رِيَاضَةً رُوحِيَّةً .

8– أُقِيمَتْ مُبَارَاةٌ فِي السِّبَاحَةِ .

9– كُتِبَ الصِّيَامُ عَلَى الــمُسْلِمِينَ .

10– شُرِحَ الدَّرْسُ لِلتَّلاَمِيذِ .

11– سُمِعَ الأَذَانُ فِي الــمَسْجِدِ .

12– تُسْمَعُ الــمُوسِيقَى فِي سَاحَةِ الــمَدْرَسَةِ .

❁ ❁ ❁

التَّدْرِيبُ الثَّانِي: امْلَأُوا الــفَرَاغَاتِ فِي الــجُمَلِ التَّالِيَةِ بِكِتَابَةِ مَا يُنَاسِــبُ الــجُمْلَةَ مِــنْ بَيْــنِ الــكَلِمَاتِ الــمَوْضُوعَةِ بَيْنَ قَوْسَيْنِ فِي نِهَايَةِ الــجُمْلَةِ :

• Fill in the blanks in the following sentences by writing down on the dotted space the appropriate word from among those given in parenthesis at the end of the sentence:

1– .... الدُّوَلُ وَالــحُكُومَاتُ بِالرِّيَاضَةِ . (يَهْتَمُّ \ تَهْتَمُّ \ يَهْتَمُّونَ)

2- الـعَقْلُ السَّلِيمُ .... الـجِسْمِ السَّلِيمِ . (مَعَ \ فِي \ مِنْ)

3- تُقامُ مُبارَيَاتٌ .... مُخْتَلِفَةٌ . (رِيَاضِيَّةٌ \ رِيَاضِيٌّ \ الرِّيَاضِيَّةُ)

4- تَهْتَمُّ مَدْرَسَتُنَا بِالرِّيَاضَةِ .... كَبِيراً . (اهْتِمَامٌ \ اهْتِمَامَاتٌ \ اهْتِمَاماً)

5- وَقَدْ أُقِيمَ .... حَفْلُ هَذَا الـعَامِ الأُسْبُوعَ الـمَاضِي . (أَقَامَ \ أُقِيمَ \ أُقِيمَتْ)

6- .... صَفُّنَا فِي سِبَاقِ الـمِئَةِ مِتْرٍ . (فَازَتْ \ فَازُوا \ فَازَ)

7- ثُمَّ .... الـمُبَارَيَاتُ الرِّيَاضِيَّةُ . (بَدَأَت \ بَدَأَ \ بَدَأُوا)

8- سَجَّلَ صَدِيقِي رَقَماً .... (حَفْلاً \ نِظَامٍ \ قِيَاسِيّاً)

9- حَصَلَ فَرِيقُنَا عَلَى .... البُطُولَةِ . (مَلْعَبِ \ سِبَاقِ \ كَأْسِ)

✿ ✿ ✿

التَّدْرِيبُ الثَّالِثُ : بِالرُّجُوعِ إِلَى أَمْثِلَةِ التَّدْرِيبِ الثَّانِي مِنْ كِتَابِ القِرَاءَةِ ، صُوغُوا جُمَلاً تَامَّةً تَحْتَوِي عَلَى تَرَاكِيبِ الـمَفْعُولِ الـمُطْلَقِ ، كَمَا فِي الـمِثَالِ:

- Referring to the examples of Drill 2 of the Textbook, rewrite the following structures of ***Maf'ul Mutlaq***, to form full meaningful sentences, as in the given example:

تَهْتَمُّ \ اهْتِمَاماً كَبِيراً ⇐ تَهْتَمُّ الدُّوَلُ وَالـحُكُومَاتُ بِالرِّيَاضَةِ اهْتِمَاماً كَبِيراً .

1- نَشْكُرُ \ شُكْراً جَزِيلاً ⇐ ....

2- فَرِحْتُ \ فَرَحاً عَظِيماً ⇐ ....

3- يُحِبُّونَ \ حُـبّاً كَثِيراً ⇐ ....

4- يَجْتَهِدُونَ \ اجْتِهَاداً كَبِيراً ⇐ ....

5- فَازُوا \ فَوْزاً عَظِيماً ⇐ ....

✿ ✿ ✿

التَّدْرِيبُ الرَّابِعُ : اقْرَؤُوا الـجُمَلَ التَّالِيَةَ قِرَاءَةً جَهْرِيَّةً ، ثُمَّ تَرْجِمُوهَا إِلَى اللُّغَةِ الإِنْجِلِيزِيَّةِ مُسْتَعِينِينَ بِقَائِمَةِ أَنْوَاعِ الرِّيَاضَةِ وَالإِصْطِلاَحَاتِ الرِّيَاضِيَّةِ الـمَوْجُودَةِ فِي كِتَابِ الـقِرَاءَةِ :

- Read the following sentences aloud, then translate them into English, making special reference to the list of Types of Sports and Sports Terminology in the Textbook:

1- الـبِيسْبُول وَالرَّجْبِي رِيَاضَتَان مَشْهُورَتَان فِي أَمْرِيكَا .

2- " عَلِّمُوا أَوْلاَدَكُمُ السِّبَاحَةَ وَالرِّمَايَةَ وَرُكُوبَ الـخَيْلِ . " Teach \ Your children

3- رِيَاضَتِي الْمُفَضَّلَةُ هِيَ كُرَةُ السَّلَّةِ وَالْكُرَةُ الطَّائِرَةُ وَتِنِسُ الطَّاوِلَةِ .

4- أُقِيمَتْ مُبَارَيَاتٌ فِي الْقَفْزِ الْعَالِي وَالْقَفْزِ بِالزَّانَةِ وَرَمْيِ الْقُرْصِ .

5- لَا أُحِبُّ الْمُصَارَعَةَ وَلَا الْمُلَاكَمَةَ وَلَا الْجُودُو .

6- الصَّيْدُ وَتَسَلُّقُ الْجِبَالِ رِيَاضَتَانِ مَشْهُورَتَانِ فِي لُبْنَانَ .

7- لَا تَهْتَمُّ الدُّوَلُ الْعَرَبِيَّةُ بِرِيَاضَاتِ الْهُوكِي وَسِبَاقِ السَّيَّارَاتِ وَالتَّزَلُّجِ عَلَى الثَّلْجِ .

❈ ❈ ❈

التَّدْرِيبُ الْخَامِسُ : أَعِيدُوا كِتَابَةَ الْجُمَلِ التَّالِيَةِ مُرَاعِينَ **تَحْوِيلَ الأَفْعَالِ الْمَبْنِيَّةِ لِلْمَعْلُومِ** إِلَى **أَفْعَالٍ مَبْنِيَّةٍ لِلْمَجْهُولِ** ، مَعَ إِحْدَاثِ أَيِّ تَغْيِيرَاتٍ لَازِمَةٍ أُخْرَى ، كَمَا فِي الْمِثَالِ :

- Rewrite the following sentences, taking into consideration to **change the underlined active voice verbs** to **passive voice verbs**, while making any other needed changes, as in the example:

| يَقْرَأُ الْأُسْتَاذُ الْإِجَابَةَ مِنَ الْكِتَابِ . ⇐ تُقْرَأُ الْإِجَابَةُ مِنَ الْكِتَابِ . |

1. تَعْرِفُ سَلْمَى الْإِجَابَةَ عَنِ السُّؤَالِ . ⇐ ....

2. يُحِبُّ عَمَّارٌ هَذَيْنِ الْمَوْضُوعَيْنِ . ⇐ ....

3. تُخَصِّصُ الْحُكُومَاتُ الْمِيزَانِيَّاتِ . ⇐ ....

4. تُقِيمُ الْمَدَارِسُ مُبَارَيَاتٍ رِيَاضِيَّةً . ⇐ ....

5. يَنْقُلُ التِّلِفِزْيُونُ الْمُبَارَيَاتِ الرِّيَاضِيَّةَ . ⇐ ....

6. أَقَامَتْ مَدْرَسَتُنَا حَفْلَةً هَذَا الْعَامِ . ⇐ ....

7. سَجَّلَ أَحْمَدُ رَقْماً قِيَاسِيّاً . ⇐ ....

8. تُقِيمُ مَدْرَسَتُنَا مُبَارَاةً فِي الرِّيَاضَةِ . ⇐ ....

9. كَتَبَ الطَّالِبُ الدَّرْسَ الْعَاشِرَ . ⇐ ....

10. وَزَّعَتِ الْمَدْرَسَةُ الْجَوَائِزَ عَلَى الْفَائِزِينَ . ⇐ ....

❈ ❈ ❈

QUR'ANIC EXAMPLES \ تَطْبِيقَاتٌ قُرْآنِيَّةٌ

1- { قُتِلَ أَصْحَـٰبُ الأُخْدُودِ } (الـبُرُوج \ 85: 4)

2- { يَـٰأَيُّهَا الـَّذِينَ ءَامَنُوا۟ كُتِبَ عَلَيْكُمُ الصِّيَامُ ...} (الـبَقَرَة \ 2: 183)

3- { ... وَقُضِىَ الأَمْرُ وَإِلَى اللَّهِ تُرْجَعُ الأُمُورُ } (الـبَقَرَة \ 2: 210)

4- { وَفُتِحَتِ السَّمَآءُ فَكَانَتْ أَبْوَاباً} (النَّبَأُ \ 78: 19-20)

❋ ❋ ❋

They were destroyed, woe to .... قُتِلَ

Makers of, those responsible for... أَصْحَـٰبُ

The pit (of fire) .... الأُخْدُودِ

O You ! (*masculine*) .... يَـٰأَيُّهَا = يَا أَيُّهَا

Those who .... الـَّذِينَ

Believed, believe .... ءَامَنُوا۟

Has been prescribed .... كُتِبَ

To you, for you .... عَلَيْكُمْ

The fasting .... الصِّيَامُ

And (it) has been settled . وَقُضِىَ= وَقُضِيَ

The matter, the question .... الأَمْرُ

And to .... وَإِلَى

Are referred to, are brought back .... تُرْجَعُ

The matters, the questions .... الأُمُورُ

And shall be opened .... وَفُتِحَتِ

The heaven, the sky .... السَّمَآءُ

So it would be .... فَكَانَتْ

(As) doors .... أَبْوَاباً

❋ ❋ ❋

- اقْرَأُوا الآيَاتِ القُرْآنِيَّةَ السَّابِقَةَ قِرَاءَةً جَهْرِيَّةً فِي الفَصْلِ تَحْتَ إِشْرَافِ الـمُدَرِّسِ:
- Read the above Qur'anic *Ayat* aloud in class under the supervision of the teacher:
- اِسْتَعِينُوا بِمَعَانِي مُفْرَدَاتِ الآيَاتِ أَعْلَاهُ لِتَرْجَمَةِ الآيَاتِ إِلَى الإِنْجِلِيزِيَّةِ (جُهْدٌ جَمَاعِيٌّ):
- Translate the *Ayat* into English (*Collective effort*):

عَيِّنُوا الـفِعْلَ الـمَبْنِيَّ لِلْمَجْهُولِ وَنَائِبَ الـفَاعِلِ بِكِتَابَتِهِ فِي مَكَانِهِ الـمُنَاسِبِ مِنَ الجَدْوَلِ التَّالِي:

- Identify the **passive verb** and the **subject agent** of each verb by writing it down where it belongs in the following table:

نَائِبُ الـفَاعِلِ	الـفِعْلُ الـمَبْنِيُّ لِلْمَجْهُولِ

الدَّرْسُ الثَّالِثُ عَشَرَ

• التَّدْرِيبُ الأَوَّلُ : اقْرَؤُوا الـجُمَلَ التَّالِيَةَ قِرَاءَةً جَهْرِيَّةً ، ثُمَّ عَيِّنُوا **حُرُوفَ الـجَرِّ** بِوَضْعِ خَطٍّ تَحْتَهَا ، وَعَيِّنُوا **الأَسْمَاءَ الـمَجْرُورَةَ** بِوَضْعِ خَطَّيْنِ تَحْتَهَا ، كَمَا فِي الـمِثَالِ:

• Read the following sentences aloud, then designate the **prepositions** by underlining them once and the **objects of the prepositions** by underlining them twice, as in the example:

نَحْنُ الآنَ فِي الـمَلْعَبِ الـوَطَنِيِّ الـكَبِيرِ وَالسَّاعَةُ الآنَ هِيَ الثَّانِيَةُ وَالنِّصْفُ بَعْدَ الظُّهْرِ.

1- لَقَدْ احْتَشَدَ فِي الـمَلْعَبِ جُمْهُورٌ كَبِيرٌ مِنَ النَّاسِ .

2- هَذَا يَوْمٌ كَبِيرٌ وَحَافِلٌ فِي عَالَمِ الرِّيَاضَةِ .

3- وَفِي نِهَايَةِ الـحَفْلِ وُزِّعَتِ الـجَوَائِزُ عَلَى الـفَائِزِينَ .

4- إِنَّ الطَّقْسَ الـيَوْمَ مِثَالِيٌّ لِمِثْلِ هَذِهِ الـمُنَاسَبَةِ .

5- فِي هَذِهِ اللَّحْظَةِ يَنْزِلُ الـفَرِيقَانِ إِلَى أَرْضِ الـمَلْعَبِ فِي صَفَّيْنِ .

6- الـكُرَةُ الآنَ مَعَ سَاعِدِ الـهُجُومِ الأَيْمَنِ لِفَرِيقِ نَادِي الـهَرَمِ .

7- الطُّلاَّبُ يَذْهَبُونَ إِلَى مَدَارِسِهِمْ فِي سَعَادَةٍ كُلَّ يَوْمٍ .

8- وَمِنْهُمْ مَنْ يَخْرُجُ مَعَ أَصْحَابِهِ فِي رِحْلَةٍ إِلَى مَكَانٍ قَرِيبٍ أَوْ بَعِيدٍ .

9- أُرِيدُ أَنْ أُخَصِّصَ وَقْتاً لِمُرَاجَعَةٍ عَامَّةٍ عَنْ مَعْلُومَاتِكُمْ فِي التَّارِيخِ وَالـجُغْرَافِيَا .

10- كَانَتِ الـكَعْبَةُ أَوَّلَ بَيْتٍ وَضَعَهُ اللَّهُ لِلنَّاسِ وَأَصْبَحَتْ قِبْلَةَ الـمُسْلِمِينَ بَعْدَ الـمَسْجِدِ الأَقْصَى .

❁ ❁ ❁

التَّدْرِيبُ الثَّانِي : تَدَرَّبُوا عَلَى **تَحْدِيدِ الـوَقْتِ** بِاللُّغَةِ العَرَبِيَّةِ بِكِتَابَةِ عِبَارَاتٍ كَامِلَةٍ فِي الـفَرَاغَاتِ الـمُنَقَّطَةِ تُنَاسِبُ الأَرْقَامَ الإِنْجِلِيزِيَّةَ الـمَكْتُوبَةَ بَيْنَ قَوسَيْنِ ، كَمَا فِي الـمِثَالِ:

• Practice **telling time** in Arabic by writing down, on the dotted spaces, complete statements to correspond to the numerals given in parenthesis, as in the example:

السَّاعَةُ الوَاحِدَةُ وَالرُّبْعُ . (1:15) ⇐ ....

1- .... (3:00)

2- .... (2:30)

3- .... (7:50)
4- .... (8:20)
5- .... (9:05)
6- .... (10:45)
7- .... (10:45)
8- .... (11:00)
9- .... (12:30)
10- .... (1:20)

❈ ❈ ❈

• التَّدْرِيبُ الثَّالِثُ : اُكْتُبُوا مُفْرَدَ كُلِّ جَمْعٍ مِنَ الْجُمُوعِ التَّالِيَةِ ، كَمَا فِي الْمِثَالِ :
• Write down the **singular** of each of the following plurals, as in the example:

| | الرِّجَالُ ← الرَّجُلُ | | |

الْمُفْرَدُ	الْجَمْعُ	الْمُفْرَدُ	الْجَمْعُ
	الدُّرُوسُ		النِّسَاءُ
	أَسَاتِذَةٌ		الأَوْلَادُ
	أَسْئِلَةٌ		النَّبَاتُ
	الْمُعَلِّمِينَ		الْمُتَفَرِّجِينَ
	تَدْرِيبَاتٌ		بُيُوتٌ
	التَّلَامِيذُ		اللَّاعِبُونَ
	الْهِوَايَاتِ		الْمُشَجِّعِينَ
	أَصْدِقَاءُ		الطُّلَّابُ
	مُسْتَعِدُّونَ		مَدَارِسُ

قَارَّاتٌ		أَنْهَارٌ	
الكُتُبُ		الـمُسْلِمِينَ	
الدُّوَلُ		فِرَقٌ	
مُبَارَيَاتٌ		رَقَمٌ	

❁ ❁ ❁

<u>التَّدْرِيبُ الرَّابِعُ</u> : أُكْتُبُوا الرَّقَمَ العَرَبِيَّ الـمُنَاسِبَ مِنْ **أَرْقَامِ الـعُقُودِ** فِي الفَرَاغَاتِ لِتُنَاسِبَ الرَّقَمَ الإِنْجِلِيزِيَّ الـمَوْضُوعَ بَيْنَ قَوْسَيْنِ فِي نِهَايَةِ الـجُمْلَةِ ، كَمَا فِي الـمِثَالِ :

- Fill in the blanks in the following sentences by writing in the Arabic **Multiples-of-Ten Numerals** which correspond to the English given in parenthesis:

1- يُقَدَّرُ عَدَدُ الـمُتَفَرِّجِينَ بِـ .... أَلْفَ مُتَفَرِّجٍ وَمُتَفَرِّجَةٍ . (90)

2- فِي صَفِّي .... طَالِباً وَطَالِبَةً . (40)

3- يَتَعَالَى الـهُتَافُ وَالتَّصْفِيقُ مِنْ .... أَلْفاً مِنَ الـمُتَفَرِّجِينَ وَالـمُشَجِّعِينَ . (60)

4- تُقَامُ فِي مَدْرَسَتِنَا كُلَّ سَنَةٍ .... مُبَارَاةٌ رِيَاضِيَّةٌ مُخْتَلِفَةٌ . (50)

5- يَحْضُرُ الـحَفْلَ الرِّيَاضِيَّ أَكْثَرُ مِنْ .... دَوْلَةً مِنْ خَمْسِ قَارَّاتٍ . (70)

6- يَنْزِلُ إِلَى أَرْضِ الـمَلْعَبِ الكَبِيرِ .... لَاعِباً وَ .... (20 / 30)

7- احْتَشَدَ فِي الـمَلْعَبِ جُمْهُورٌ كَبِيرٌ مِنَ النَّاسِ يُقَدَّرُ بِـ .... أَلْفاً مِنَ الرِّجَالِ وَالنِّسَاءِ وَالأَوْلَادِ وَالـبَنَاتِ . (80)

❁ ❁ ❁

• التَّدْرِيبُ الـْخَامِسُ: (**كِتَابَةُ مَوْضُوعٍ إِنْشَائِيٍّ**) رَاجِعُوا مُفْرَدَاتِ الدَّرْسِ الثَّانِي عَشَرَ وَالثَّالِثَ عَشَرَ إِسْتِعْدَاداً لِكِتَابَةِ مَوْضُوعٍ إِنْشَائِيٍّ عَنِ **عَالَمِ الرِّيَاضَةِ** فِي حُدُودِ مِائَةِ كَلِمَةٍ . يُمْكِنُ أَنْ يَكُونَ الْمَوْضُوعُ **وَصْفِيّاً لِمُبَارَاةٍ بَيْنَ فَرِيقَيْنِ** أَوْ عَلَى **صُورَةِ حِوَارٍ بَيْنَ صَدِيقَيْنِ حَوْلَ الرِّيَاضَةِ** . وَيُنْصَحُ التَّلَامِيذُ كَالعَادَةِ بِكِتَابَةِ مُسَوَّدَةٍ لِلْمَوْضُوعِ أَوْلاً ، ثُمَّ مُرَاجَعَتِهِ وَتَنْقِيحِهِ قَبْلَ كِتَابَتِهِ عَلَى وَرَقَةٍ خَارِجِيَّةٍ وَتَسْلِيمِهِ لِلْمُدَرِّسِ أَوِ الْمُدَرِّسَةِ لِتَصْحِيحِهِ .

(مُلَاحَظَةٌ مُهِمَّةٌ لِلْمُدَرِّسِ \ لِلْمُدَرِّسَةِ: تُخْتَارُ أَحْسَنُ ثَلَاثَةِ مَوَاضِيعَ وَتُقْرَأُ فِي الفَصْلِ ، وَيُعْطَى صَاحِبُ كُلِّ مَوْضُوعٍ جَائِزَةً رَمْزِيَّةً تَقْدِيرِيَّةً)

- **(Writing a Composition)**: Review and study all the vocabulary related to the **World of Sports,** Lessons 12-13, in preparation to write a creative composition on the theme **Sports**; it can be a **descriptive writing of a match in any type of sports** or in the form of a **dialogue between two friends on a sport topic**. The composition should be in the range of 100 words. As usual, the students are advised to write a rough draft first on an outside sheet of paper; then revise and edit the draft before they copy the final version on a clean and neat sheet of paper and hand it to the teacher for corrections.

(An important note to the teacher: Select the three best compositions, have their writers read them to the class, then give each a symbolic appreciation reward)

QUR'ANIC EXAMPLES / تَطْبِيقَاتٌ قُرْآنِيَّةٌ

1- { أَقِمِ الصَّلَواةَ لِدُلُوكِ الشَّمْسِ إِلَى غَسَقِ اللَّيْلِ ... } (الإسْرَاءُ \ 17: 78)

2- { وَنُفِخَ فِي الصُّورِ فَإِذَا هُم مِّنَ الأَجْدَاثِ إِلَى رَبِّهِمْ يَنْسِلُونَ } (يس \ 36: 51)

3- { ... وَمَا يَعْزُبُ عَن رَّبِّكَ مِن مِّثْقَالِ ذَرَّةٍ فِي الأَرْضِ وَلاَ فِي السَّمَاءِ ... }
(يُونُس \ 10: 61)

4- { وَإِنَّهُ لَهُدًى وَرَحْمَةٌ لِّلْمُؤْمِنِينَ } (النَّمْلُ \ 27: 77)

أَقِمْ	Establish, perform	الصَّلَواةَ	The Canonical Prayer
لِدُلُوكِ (لِـ + دُلُوكِ)	At the decline (of)	الشَّمْسِ	The Sun
إِلَى	Till, to	غَسَقِ	(The) darkness (of)
اللَّيْلِ = الـلَّيْلِ	The night	وَنُفِخَ	And it would be sounded
فِى = فِي	In	الصُّورِ	The Trumpet
فَإِذَا	And then, then	هُمْ	They (men in general)
مِّنَ	From	الأَجْدَاثِ	The graves, the sepulchers
إِلَى	To, towards	رَبِّهِمْ	Their Lord
يَنْسِلُونَ	Rush forth, raise up	وَمَا	Nor, and not
يَعْزُبُ	Hides	عَن	From
رَبِّكَ	Your Lord	مِن	Of, from
مِّثْقَالِ	Weight	ذَرَّةٍ	Atom's
الأَرْضِ	The Earth	وَلاَ	Nor
السَّمَاءِ	The Heaven	وَإِنَّهُ	And indeed it (the Qur'an) is
لَهُدًى	Guidance	وَرَحْمَةٌ	And Mercy
لِلْمُؤْمِنِينَ (لِـ + الـمُؤْمِنِينَ)	To the Believers		

- اقْرَؤُوا الآيَاتِ القُرْآنِيَّةَ السَّابِقَةَ قِرَاءَةً جَهْرِيَّةً فِي الفَصْلِ تَحْتَ إِشْرَافِ الـمُدَرِّسِ:
- Read the above Qur'anic *Ayat* aloud in class under the supervision of the teacher:
- اسْتَعِينُوا بِمَعَانِي مُفْرَدَاتِ الآيَاتِ أَعْلاهُ لِتَرْجَمَةِ الآيَاتِ إِلَى الإنْجِلِيزِيَّةِ (جُهْدٌ جَمَاعِيٌّ):

- Translate the *Ayat* into English (*Collective effort*):

عَيِّنُوا حُرُوفَ الـجَرِّ وَالأَسْمَاءَ الـمَجْرُورَةَ بِكِتَابَتِهَا فِي مَكَانِهَا الـمُنَاسِبِ مِنَ الجَدْوَلِ التَّالِي:

- Identify the **prepositions** and the **object of each preposition** by writing them down where they belong in the following table:

حُرُوفُ الـجَرِّ	الأَسْمَاءُ الـمَجْرُورَةُ

الدَّرْسُ الرَّابِعَ عَشَرَ

• <u>التَّدْرِيبُ الأَوَّلُ</u> : اقْرَؤُوا الـجُمَلَ التَّالِيَةَ قِرَاءَةً صَامِتَةً ، ثُمَّ عَيِّنُوا **الأَسْمَاءَ الـمَوْصُوفَةَ** بِوَضْعِ خَـطٍّ تَحْتَهَا وَعَيِّنُوا **الصِّفَاتِ** بِوَضْعِ خَطَّيْنِ تَحْتَهَا ، كَمَا فِي الـمِثَالِ :

• Read the following sentences silently, then identify the **modified nouns** by underlining them once and identify the **adjectives** by underlining them twice, as in the example:

يَتَمَيَّزُ الـفِيلُ بِأَنَّ لَهُ خُرْطُوماً طَوِيلاً .

1- الزَّرَافَةُ لَهَا رَقَبَةٌ طَوِيلَةٌ .

2- وَالطَّاوُوسُ لَهُ ذَيْلٌ طَوِيلٌ .

3- عَالَمُ الـحَيَوَانَاتِ عَالَمٌ عَجِيبٌ .

4- وَتَتَكَاثَرُ الـحَيَوَانَاتُ بِطُرُقٍ مُخْتَلِفَةٍ .

5- تَهْتَمُّ مَدْرَسَتُنَا بِالرِّيَاضَةِ اهْتِمَاماً كَبِيراً .

6- هَذَا يَوْمٌ كَبِيرٌ وَحَافِلٌ فِي عَالَمِ الرِّيَاضَةِ .

7- تُقَامُ مُبَارَيَاتٌ رِيَاضِيَّةٌ بَيْنَ الـفِرَقِ الرِّيَاضِيَّةِ .

8- يَشْتَرِكُ التِّلْمِيذُ الـمُنَظَّمُ فِي النَّشَاطِ الرِّيَاضِيِّ .

9- سَجَّلَ صَدِيقِي رَقْماً قِيَاسِيّاً فِي الـقَفْزِ الـعَالِي .

10- التِّلْمِيذُ النَّاجِحُ هُوَ الـذِي يَشْعُرُ بِقِيمَةِ الـوَقْتِ .

11- ثُمَّ يُفَقِّصُ الـبَيْضُ وَتَخْرُجُ مِنْهُ حَيَوَانَاتٌ صَغِيرَةٌ .

12- لَقَدْ احْتَشَدَ فِي الـمَلْعَبِ جُمْهُورٌ كَبِيرٌ مِنَ النَّاسِ .

13- بَدَأَ الـحَفْلُ بِاسْتِعْرَاضٍ رِيَاضِيٍّ لِجَمِيعِ تَلَامِيذِ الـمَدْرَسَةِ .

14- يُشَاهِدُ الـمُبَارَيَاتِ الرِّيَاضِيَّةَ أَعْدَادٌ كَبِيرَةٌ مِنَ النَّاسِ فِي بُيُوتِهِمْ .

15- وَمِنْهُمْ مَنْ يَخْرُجُ مَعَ أَصْحَابِهِ فِي رِحْلَةٍ إِلَى مَكَانٍ قَرِيبٍ أَوْ بَعِيدٍ .

• التَّدْرِيبُ الثَّانِي: (مُرَاجَعَةٌ لِلْكَلِمَاتِ الْـمُتَضَادَّةِ فِي الْـمَعْنَى) امْلأُوا الفَرَاغَاتِ فِي الْـجَدْوَلِ التَّالِي بِكِتَابَةِ الْـكَلِمَاتِ الْـمُضَادَّةِ فِي الْـمَعْنَى لِلْكَلِمَاتِ الْـمُعْطَاة ، ثُمَّ اكْتُبُوا الْـمَعْنَى الإِنْجِلِيزِي لِلْكَلِمَاتِ كَمَا فِي الْـمِثَالِ :

• **(Review of Antonyms)** Fill in the blanks in the following table by writing down the antonyms of the words given. Then, write down the English meanings of these words, as in the given example:

(Big, Large ⇔ Small) كَبِيرٌ ⇔ صَغِيرٌ

الْـمَعْنَى بِالإِنْجِلِيزِيَّةِ **The English Meanings**	الكَلِمَةُ الْـمُضَادَّةُ لَهَا **Its Antonym**	الكَلِمَةُ **The Word**
		نَافِعٌ
	مُتَوَحِّشٌ	
		الْـقَوِيُّ
	كَبِيرَةٌ	
		طَوِيلٌ
	بَعِيدٌ	
		قَبْلَ
	الْـلَّيْلُ	
		فَوْقَ
	خَارِجَ	
		بَارِدٌ
	البَحْرُ	
		كَثِيرٌ
	وَقْتُ الرَّاحَةِ	وَقْتُ ....

• التَّدْرِيبُ الثَّالِثُ : اقْرَؤُوا أَسْمَاءَ الْـحَيَوَانَاتِ الْـمَكْتُوبَةَ دَاخِلَ الشَّكْلِ ، ثُمَّ اكْتُبُوا كُلاًّ مِنْهَا تَحْتَ النَّوْعِ الَّـذِي تَنْتَمِي إِلَيْهِ مِنَ الأَنْوَاعِ الْـمَكْتُوبَةِ فِي الْـقَائِمَةِ التَّالِيَـةِ . لاَحِظُوا أَنَّ بَعْضَ هَـذِهِ الْـحَيَوَانَاتِ قَدْ يَنْتَمِي إِلَى أَكْثَرَ مِنْ نَوعٍ، كَمَا فِي الْـمِثَالِ:

• Read the names of the animals contained inside the box, then write each down under the appropriate species it belongs to from the following table. Note that some of these might fall under more than one category, as in the example done for you:

الْـفِيلُ ، الطَّاوُوسُ ، الْـبَعُوضُ ، الذُّبَابُ ، الأَفَاعِي ، الْـعَقَارِبُ ، الْـهُدْهُدُ ، الْـجَمَلُ ، بَطَّةٌ ، الدِّيكُ ، حِمَارٌ ، ذِئْبٌ ، زَرَافَةٌ ، غِزْلاَنٌ ، خِنْزِيرٌ ، حِصَانٌ ، أَسَدٌ ، جِمَالٌ ، نَاقَةٌ ، نَمِرٌ ، قُرُودٌ ، أَسْمَاكٌ ، حِيتَانٌ ، غُرَابٌ ، نَحْلٌ ، نَمْلٌ ، بَقَرَةٌ ، خِرْفَانٌ .

الْـحَشَرَاتُ	الزَّوَاحِفُ	الطُّيُورُ	حَيَوَانَاتُ الْـبَرِّ	حَيَوَانَاتُ الْـبَحْرِ	حَيَوَانَاتٌ نَافِعَةٌ	حَيَوَانَاتٌ مُسْتَأْنَسَةٌ	حَيَوَانَاتٌ مُتَوَحِّشَةٌ
			خِرْفَانٌ		خِرْفَانٌ	خِرْفَانٌ	

• التَّدْرِيبُ الرَّابِعُ : أُكْتُبُوا جُمْلَةً مُفِيدَةً وَاحِدَةً عَلَى الأَقَلِّ عَنْ كُلٍّ مِنَ الْـحَيَوَانَاتِ التَّالِيَةِ ، كَمَـا فِـي الْـمِثَالِ :

• Write down at least one full meaningful sentence about each of the following animals, as in the given example:

الْـفِيلُ:⇐ يَتَمَيَّزُ بِأَنَّ لَهُ خُرْطُوماً طَوِيلاً ، وَهُوَ مِنْ حَيَوَانَاتِ الْـبَرِّ .

الأَفْعَى (الْـحَيَّةُ) :⇐ ....

السَّمَكَةُ :⇐ ....

الدَّجَاجَةُ :⇐ ....

الثَّعْلَبُ : ⇐ ....

الْـجَمَلُ : ⇐ ....

الْـبَقَرَةُ : ⇐ ....

الطَّاوُوسُ : ⇐ ....

الزَّرَافَةُ :⇐ ....

الْـهُدْهُدُ :⇐ ....

الذِّئْبُ :⇐ ....

❁ ❁ ❁

• التَّدْرِيبُ الخَامِسُ : أُكْتُبُوا **مُفْرَدَ** أَوْ **جَمْعَ** كُلِّ كَلِمَةٍ فِي الْـجَدْوَلِ التَّالِي:

• Write down the **singular** or **plural** of the words given in the following table:

الْـمُفْرَدُ	الْـجَمْعُ	الْـمُفْرَدُ	الْـجَمْعُ
	أَجْنِحَةٌ	حَشَرَةٌ	
رِجْلٌ			بَيْضٌ
	أَبْقَارٌ	ثَعْلَبٌ	
كَلْبٌ			عَصَافِيرٌ
	بَعُوضٌ	طَيْرٌ	

☺ ☺ ☺

QUR'ANIC EXAMPLES \ تَطْبِيقَاتٌ قُرْآنِيَّةٌ

1- { وَيَنْصُرُكَ اللَّهُ نَصْراً عَزِيزاً } (الْـفَتْحُ \ 48: 3)

3- { فَاصْبِرْ صَبْراً جَمِيلاً } (الْـمَعَارِجُ \ 70: 5)

3- { وَإِنَّكَ لَعَلَى خُلُقٍ عَظِيمٍ } (الْـقَلَمُ \ 68: 4)

4- { يَوْمَ يَكُونُ النَّاسُ كَالْـفَرَاشِ الْـمَبْثُوثِ *
وَتَكُونُ الْجِبَالُ كَالْـعِهْنِ الْـمَنْفُوشِ } (الْـقَارِعَةُ \ 101: 4-5)

5- { وَهَذَا الْـبَلَدِ الأَمِينِ } (التِّينُ \ 95: 3)

6- { فِيهَا عَيْنٌ جَارِيَةٌ * فِيهَا سُرُرٌ مَرْفُوعَةٌ * وَأَكْوَابٌ مَوْضُوعَةٌ }
(الْـغَاشِيَةُ \ 88: 12-14)

❁ ❁ ❁

Help	نَصْراً	(He) may help you	وَيَنْصُرُكَ
Therefore, be (you) patient	فَاصْبِرْ	Powerful	عَزِيزاً
Beatiful	جَمِيلاً	Patience	صَبْراً
Possessor of	لَعَلَى	And surely you	وَإِنَّكَ
Sublime, great	عَظِيم	Morals	خُلُقٍ
Will be	يَكُونُ	A Day (whereon)	يَوْمَ
Like moths	كَالْـفَرَاشِ	Men, mankind	النَّاسُ
And (they /Fem.) will be	وَتَكُونُ	Scattered about	الْـمَبْثُوثِ
Like wool	كَالْـعِهْنِ	The mountains	الْجِبَالُ
And this	وَهَذَا	Carded	الْـمَنْفُوشِ
(The) secure	الأَمِينِ	(City	الْـبَلَدِ
Spring (of water)	عَيْنٌ	Therein in it	فِيهَا
Couches	سُرُرٌ	Bubbling	جَارِيَةٌ
And goblets	وَأَكْوَابٌ	Raised high	مَرْفُوعَةٌ
❁ ❁ ❁		Placed ready	مَوْضُوعَةٌ

- اقْرَؤُوا الآيَاتِ القُرآنِيَّةَ السَّابِقَةَ قِرَاءَةً جَهْرِيَّةً فِي الفَصْلِ تَحْتَ إِشْرَافِ الـمُدَرِّسِ:
- Read the above Qur'anic *Ayat* aloud in class under the supervision of the teacher:

- اِسْتَعِينُوا بِمَعَانِي مُفْرَدَاتِ الآيَاتِ أَعْلَاهُ لِتَرْجَمَةِ الآيَاتِ إِلَى الإِنْجِلِيزِيَّةِ (جُهْدٌ جَمَاعِيٌّ):
- Translate the *Ayat* into English (*Collective effort*):

- عَيِّنُوا الأَسْمَاءَ الـمَوْصُوفَةَ وَالصِّفَاتِ بِكِتَابَتِهَا فِي مَكَانِهَا الـمُنَاسِبِ مِنَ الجَدْوَلِ التَّالِي:
- Identify the **modified nouns** and the **modifiers** (adjectives) by writing them down where they belong in the following table:

الصِّفَاتُ	الأَسْمَاءُ الـمَوْصُوفَةُ

الدَّرْسُ الـْخَامِسَ عَشَرَ

• التَّدْرِيبُ الأَوَّلُ : اخْتَارُوا مِنْ بيْنِ الكَلِمَاتِ الـْمَوْضُوعَةِ بَيْنَ قَوْسَيْنِ فِي نِهَايَةِ الـْجُمْلَةِ مَا يُنَاسِبُ لِمَلإِ الـْفَرَاغَاتِ وتَكْوِينِ **تَرَاكِيبَ إِضَافَةٍ** ، ثُمَّ تَرْجِمُوا الـْجُمَلَ إِلَى الإِنْجِلِيزِيَّةِ ، كَمَا فِي الـْمِثَالِ :

• Select from among the words in parenthesis at the end of the sentences what is suitable to fill in the blanks to form ***'Idafah Structures***; then translate the sentences into English, as in the given example:

مَا .... الـْكِتَابِ الـَّذِي تَقْرَئِينَ ؟ (ذَكَاءُ \ عُنْوَانُ \ صَدَاقَةُ)
مَا عُنْوَانُ الـْكِتَابِ الـَّذِي تَقْرَئِينَ ؟ What is the title of the book which you are reading?

1- عَالَمُ .... عَجِيبٌ غَرِيبٌ . (الـْحَيَوَانَاتِ \ حِكَايَاتٌ \ مَعْلُومَاتٌ)

2- .... الـْحَيَوَانَاتِ ذَكَاءٌ فِطْرِيٌّ . (كِتَابٌ \ الـْحِصَانُ \ ذَكَاءُ)

3- عُجُولُ الـْبَحْرِ .... التَّعَلُّمِ . (طُرَفٌ \ سَرِيعَةُ \ الرَّقْصِ)

4- ذَهَبَ الـْكَلْبُ إِلَى حَظِيرَةِ .... (الـْبُسْتَانِيُّ \ صَاحِبَ \ الـْخُيُولِ)

5- النِّيلُ .... نَهْرٍ فِي العَالَمِ . (أَطْوَلُ \ طَوِيلٌ \ التَّالِي)

6- بَعْضُ .... تَلِدُ وتُرْضِعُ صِغَارَهَا . (النَّبَاتَاتِ \ الـْحُبُوبُ \ الـْحَيَوَانَاتِ)

7- الـْجَمَلُ .... الصَّحْرَاءِ . (عَالَمُ \ الـْبَحْرُ \ سَفِينَةُ)

8- هَؤُلاَءِ .... اللُّغَةِ الـْعَرَبِيَّةِ . (مُدَرِّسُونَ \ مُدَرِّسُو \ مُدَرِّسَا)

9- ذَهَبْنَا فِي رِحْلَةٍ إِلَى .... الـْحَيَوَانَاتِ . (حَدِيقَةِ \ الـْبَحْرِ \ البَرُّ)

10- حَصَلَ فَرِيقُنَا عَلَى .... الـْبُطُولَةِ . (نِهَايَةِ \ كَأْسِ \ مُبَارَاةٌ)

11- يَلْعَبُ الصَّدِيقَانِ فِي سَاحَةِ .... (السِّبَاحَةُ \ الـْمَدْرَسَةِ \ الـْبُطُولَةَ)

12- الأَخْطَبُوطُ مِنْ حَيَوَانَاتِ .... (الـطُّيُورِ \ الـْبَرِّ \ الـْبَحْرِ)

13- فِي نِهَايَةِ .... وُزِّعَتِ الـْجَوَائِزُ عَلَى الـْفَائِزِينَ . (الرِّيَاضَةِ \ الـْحَفْلِ \ جُمْهُورٌ)

❁ ❁ ❁

• التَّدْرِيبُ الثَّانِي: بِنَاءً عَلَى فَهْمِكُمْ لِنَصِّ الدَّرْسِ ، اقْرَؤُوا الْجُمَلَ التَّالِيَةَ فِي الْفَصْلِ ، ثُمَّ اذْكُرُوا شَفَوِيًّا هَلْ هِيَ " **صَوَابٌ** " أَمْ " **خَطَأٌ** " :

• Based on your understanding of the text of the lesson, read the following sentences aloud in class, then mention verbally whether each sentence is "**true**" or "**false**", using the Arabic terminology for true or false:

1- عُنْوَانُ الدَّرْسِ الْخَامِسَ عَشَرَ هُوَ " طُرَفٌ عَنِ الْحَيَوَانَاتِ " .

2- عُنْوَانُ الْكِتَابِ الَّذِي تَقْرَأُهُ فَادِيَةُ هُوَ " عَالَمُ الرِّيَاضَةِ " .

3- هُنَاكَ حَيَوَانَاتٌ أَذْكَى مِنْ غَيْرِهَا .

4- عُجُولُ الْبَحْرِ تَتَعَلَّمُ بِمَهَارَةٍ الأَلْعَابَ وَالْقَفْزَ وَالْحَرَكَاتِ الظَّرِيفَةَ .

5- الْحِيتَانُ مِنْ حَيَوَانَاتِ الْبَرِّ .

6- سَمَكُ سُلَيْمَانَ مِنَ الأَسْمَاكِ .

7- الذُّبَابُ مِنَ الْحَشَرَاتِ .

8- الْحَمَامُ وَالدَّجَاجُ مِنْ أَنْوَاعِ الطُّيُورِ .

9- أَسْمَاكُ القِرْشِ مِنْ حَيَوَانَاتِ الْبَحْرِ .

10- الأَخْطَبُوطُ يَعِيشُ فِي الْبَحْرِ .

11- الْفَرَاشَةُ لَهَا أَجْنِحَةٌ تَطِيرُ بِهَا فِي الْفَضَاءِ .

12- الْبَطُّ لاَ يَسْبَحُ فِي الْمَاءِ .

13- الْغُرَابُ لَوْنُهُ أَبْيَضُ .

14- الأَسْمَاكُ لَهَا زَعَانِفُ تَسْبَحُ بِهَا فِي الْمَاءِ .

15- النُّسُورُ لَيْسَ لَهَا رِيشٌ .

16- طُيُورُ السُّنُونُو طُيُورٌ كَبِيرَةٌ جِدّاً .

17- الْبَبَّغَاءُ مِنَ الْحَشَرَاتِ .

• التَّدْرِيبُ الثَّالِثُ : أُكْــتُــبُوا **مُفْرَدَ** أَوْ **جَمْعَ** الــكَلِمَاتِ التَّالِيَةِ بِمَلإِ الفَرَاغَاتِ فِي الــجَدْوَلِ التَّالِي ، ثُمَّ اعْطُوا **الــمَعَانِي الإِنْجِلِيزِيَّةَ** لِكُلٍّ مِنَ الــمُفْرَدِ وَالــجَمْعِ ، كَمَا فِي الــمِثَالِ:

• Write down the singular or plural of the following words by filling in the blanks of the following chart; then give the English meaning of each word, as in the given example:

الــمُفْرَدُ	الــجَمْعُ	الــمَعْنَى بِالإِنْجِلِيزِيَّةِ
حَيَوَانٌ	حَيَوَانَاتٌ	Animal / Animals
حِصَانٌ		
	حِكَايَاتٌ	
طُرْفَةٌ		
	قُرُودٌ	
رَقَمٌ		
	فَرَاشٌ	
بَعُوضَةٌ		
	دِيدَانٌ	
سَمَكَةٌ		
	نَحْلٌ	
بَبَّغَاءُ		
	حَمَامٌ	
نَمْلَةٌ		
	عَصَافِيرُ	
غُرَابٌ		
	كِلَابٌ	

• التَّدْرِيبُ الرَّابِعُ : تَحْتَوِي الـجُمَلُ التَّالِيَةُ عَلَى مَعْلُومَاتٍ وَرَدَتْ فِي نَصِّ الدَّرْسِ الـخَامِسَ عَشَـرَ ، الـمَطْلُوبُ أَنْ تَتَذَكَّرُوا الكَلِمَاتِ النَّاقِصَةَ وَتَكْتُبُوهَا فِي الـفَرَاغَاتِ الـمُنَاسِبَةِ:

• The following sentences contain information given in the text of Lesson 15; your task is to remember some key missing words and write them down on the blank spaces:

1- عُنْوَانُ الدَّرْسِ: " .... عَنِ الـحَيَوَانَاتِ " .

2- اشْتَرَتْ فَادِيَةُ كِتَاباً جَدِيداً عُنْوَانُهُ: " عَالَمُ .... " .

3- فِي الـكِتَابِ .... مُشَوِّقَةٌ وَ .... مُمْتِعَةٌ عَنِ الـحَيَوَانَاتِ .

4- هُنَاكَ حَيَوَانَاتٌ .... مِنْ غَيْرِهَا .

5- وَقَدْ رُوِيَ أَنَّهُ كَانَ فِي أَلْمَانِيَا حِصَانٌ يَحُلُّ بَعْضَ .... الـحِسَابِيَّةِ .

6- أَنَا أَعْرِفُ مِنْ .... الشَّخْصِيَّةِ أَنَّ عُجُولَ الـبَحْرِ سَرِيعَةُ التَّعَلُّمِ .

7- يَتَعَلَّمُ الدُّبُّ .... لِيُضْحِكَ النَّاسَ .

8- وَضَعَ صَاحِبُ بُسْتَانٍ .... مَمْلُوءَةً جَزَراً فِي بُسْتَانِهِ .

9- قَالَ .... إِنَّهُ لاَ يَدْرِي مَنْ أَخَذَ بَعْضَ الـجَزَرِ .

10- وَجَلَسَا مَعاً .... السَّلَّةَ لِيَعْرِفَا مَنِ السَّارِقُ .

11- وَإِذَا بِكَلْبٍ يَأْتِي وَيَأْخُذُ مِنَ السَّلَّةِ بَعْضَ الـجَزَرِ وَيَذْهَبُ بِهِ إِلَى حِصَانٍ فِي حَظِيرَةِ ....

12- قَالَ صَاحِبُ الـبُسْتَانِ : " لاَ .... لِنَرَى كَيْفَ تَكُونُ ....

13- وَكَانَ فِي الإِصْطَبْلِ حِصَانٌ آخَرُ ، وَلَكِنَّ الـكَلْبَ لَمْ .... إِلَيْهِ لأَنَّهُ وَلاَ يَحْتَاجُ إِلَى ....

4- يَذْكُرُ الـكِتَابُ شَيْئاً عَنْ .... الـحَيَوَانَاتِ وَ .... الـحَيَوَانَاتِ وَ............ مَعَ بَعْضِهَا الـبَعْضِ .

❁ ❁ ❁

• <u>التَّدْرِيبُ الْخَامِسُ</u>: (**كِتَابَةُ مَوْضُوعٍ إِنْشَائِيٍّ**) رَاجِعُوا مُفْرَدَاتِ الدَّرْسِ الرَّابِعَ عَشَرَ وَالْخَامِسَ عَشَرَ إِسْتِعْدَاداً لِكِتَابَةِ مَوْضُوعٍ إِنْشَائِيٍّ عَنْ **عَالَمِ الْحَيَوَانَاتِ** فِي حُدُودِ مِائَةِ كَلِمَةٍ . يُمْكِنُ أَنْ يَكُونَ الْمَوْضُوعُ عَلَى **صُورَةِ حِوَارٍ بَيْنَ صَدِيقَيْنِ حَوْلَ الْحَيَوَانَاتِ** أَوْ عَلَى **صُورَةِ قِصَّةٍ طَرِيفَةٍ** . وَيُنْصَحُ التَّلَامِيذُ كَالعَادَةِ بِكِتَابَةِ مُسَوَّدَةٍ لِلْمَوْضُوعِ أَوَّلاً ، ثُمَّ مُرَاجَعَتِهِ وَتَنْقِيحِهِ قَبْلَ كِتَابَتِهِ عَلَى وَرَقَةٍ خَارِجِيَّةٍ وَتَسْلِيمِهِ لِلْمُدَرِّسِ أَوِ الْمُدَرِّسَةِ لِتَصْحِيحِهِ .

(مُلَاحَظَةٌ مُهِمَّةٌ لِلْمُدَرِّسِ \ لِلْمُدَرِّسَةِ: تُخْتَارُ أَحْسَنُ ثَلَاثَةِ مَوَاضِيعَ وَتُقْرَأُ فِي الْفَصْلِ ، وَيُعْطَى صَاحِبُ كُلِّ مَوْضُوعٍ جَائِزَةً رَمْزِيَّةً تَقْدِيرِيَّةً)

• (**Writing a Composition**): Review and study all the vocabulary related to the **World of Animals,** Lessons 14-15, in preparation to write a creative composition on the theme **Animals**; it can be in the form of a **dialogue between two friends on animals** or in the form of a **story involving animals**. The composition should be in the range of 100 words. As usual, the students are advised to write a rough draft first on an outside sheet of paper; then revise and edit the draft before they copy the final version on a clean and neat sheet of paper and hand it to the teacher for corrections.

(An important note to the teacher: Select the three best compositions, have their writers read them to the class, then give each a symbolic appreciation reward)

وَمَا مِن دَآبَّةٍ فِي ٱلْأَرْضِ وَلَا طَٰٓئِرٍ يَطِيرُ بِجَنَاحَيْهِ إِلَّآ أُمَمٌ أَمْثَالُكُم

(الأنعام:6: 38)

QUR'ANIC EXAMPLES \ تَطْبِيقَاتٌ قُرْآنِيَّةٌ

1- { الْـحَمْدُ لِلَّهِ رَبِّ الْـعَـٰـلَمِينَ } (الْـفَاتِحَةُ \ 1: 1)

2- { مَـٰـلِكِ يَوْمِ الدِّينِ } (الْـفَاتِحَةُ \ 1: 4)

3- { قُلْ أَعُوذُ بِرَبِّ الْـفَلَقِ } (الْـفَلَقُ \ 113: 1)

4- { إِذَا جَآءَ نَصْرُ اللَّهِ وَالْـفَتْحُ } (الـنَّصْرُ \ 110- 1)

5- { لَقَدْ خَلَقْنَا الإِنسَـٰـنَ فِى أَحْسَنِ تَقْوِيمٍ } (التِّينُ \ 95: 4)

❁ ❁ ❁

الْـحَمْدُ .... (The) praise

لِلَّهِ (لِ + اللَّهِ). To Allah, belongs to Allah

رَبِّ .... (The) Lord (of)

الْـعَـٰـلَمِينَ .... The Worlds

مَـٰـلِكِ .... Master, Sovereign (of)

يَوْمِ .... (The) Day (of)

الدِّينِ .... Judgment

قُلْ .... (Say (*command verb*; Mas.*Sing.*

أَعُوذُ .... I seek refuge

بِرَبِّ .... With (the) Lord (of)

الْـفَلَقِ .... The Dawn

إِذَا .... When, at the time when

جَآءَ .... Has come = comes = will come

نَصْرُ .... (The) support, the help (of)

وَالْـفَتْحُ .... And the victory

لَقَدْ .... Indeed, surely

خَلَقْنَا .... We have created

الإِنسَـٰـنَ ..... (The human being (in general

فِى = فِي .... In

أَحْسَنِ .... (The) best (of)

تَقْوِيمٍ .... Moulds, form, symmetry

❁ ❁ ❁

- اقْرَؤُوا الآيَاتِ القُرآنِيَّةَ السَّابِقَةَ قِرَاءَةً جَهْرِيَّةً فِي الفَصْلِ تَحْتَ إِشْرَافِ الْـمُدَرِّسِ:
- Read the above Qur'anic *Ayat* aloud in class under the supervision of the teacher:
- اِسْتَعِينُوا بِمَعَانِي مُفْرَدَاتِ الآيَاتِ أَعْلاَهُ لِتَرْجَمَةِ الآيَاتِ إِلَى الإِنْجِلِيزِيَّةِ (جُهْدٌ جَمَاعِيٌّ):
- Translate the *Ayat* into English (*Collective effort*):

عَيِّنُوا تَرَاكِيبَ الإِضَافَةِ وَحَدِّدُوا الْـمُضَافَ إِلَيْهِ وَالْـمُضَافَ فِي كُلِّ تَرْكِيبٍ بِكِتَابَتِهَا فِي مَكَانِهَا الْـمُنَاسِبِ مِنَ الجَدْوَلِ التَّالِي:

- Identify the **'Idafah Structure** then specify the **First Term of each 'Idafah** and the **Second Term** by writing them down where they belong in the following table:

تَرْكِيبُ الإِضَافَةِ	الـــمُضَافُ إِلَيْهِ	الـــمُضَافُ

تم بحمد الله

كِتَابُ التَّدْرِيبَاتِ

الـــمُسْتَوَى الرَّابِعُ